ロトセブン研究委員会 基礎重視派

上甲 剛
Joko Go

文芸社

はじめに

　皆様、初めまして、この度は私の著書『ロトセブン研究委員会基礎重視派』を講読して頂けます事に深い感謝と喜びに溢れております。

　平成25年4月5日から開始されましたロトセブンですが、多くの方が高額当選を夢見ておられると思います。

　本書は皆様に少しでもお役に立てばという志で執筆しました。

　宜しくお願い申し上げます。

著者

目　次

はじめに　　3

第1章　—私のオリジナルロトセブン詳細データ1からの考察　　7

①私のオリジナルロト7詳細データ1（第1回〜280回）　　8

　1）抽選回・抽選日から考察するロトシックス・ミニロトとの
　　因果関係　　46
　　A）抽選回について　　46
　　B）抽選日の日付について　　48
　2）1月から12月までの抽選で各月の強い数字理論・未出現数字
　　重視理論　　54
　3）〈本数字合計〉・〈本数字＋ボーナス数字合計〉理論　　60
　4）九星・六曜が導く重視理論　　64
　5）第7数字－第1数字重視理論　　66
　6）セット球が導く重視理論　　68
　7）直前回のロトシックス・ミニロトのボーナス数字重視理論　　71
　8）ロトセブンの抽選日の前日のロトシックス（木曜日）の抽選数字
　　重視理論　　73

第2章　—私のオリジナルロトセブン詳細データ2からの考察　　99

①私のオリジナルロト7詳細データ2　　100
　1）スライド数字重視　　103
　2）ミラクルシート重視　　105
　3）五黄殺・ラッキー数字重視　　106
　4）ゲイル理論重視　　117
　5）出現パーセンテージ・末尾分析重視　　123
　6）集団分析重視　　125

第3章　—私のオリジナルロトセブン詳細データ3からの考察　　127

①私のロトセブン詳細データ3　　128
　1）日付をデータボックス1と共に解析　　132
　2）100回後をデータボックス2と共に解析　　136
　3）10回後をデータボックス3と共に解析　　142

4） 60回周期をデータボックス4と共に解析 　　　146

5） 12回周期をデータボックス5と共に解析 　　　148

6） 九星六曜をデータボックス6と共に解析 　　　152

7） 九星をデータボックス7と共に解析 　　　155

8） 六曜をデータボックス8と共に解析 　　　160

9） 第何週金曜日をデータボックス9と共に解析 　　　166

10） 一年後の同月同週をデータボックス10と共に解析 　　　173

11） 補足　データプラス 　　　177

最後に 　　　180

第1章

―私のオリジナルロトセブン
詳細データ１からの考察

①私のオリジナルロト7詳細データ1（第1回〜280回）

抽選回	年度	日付	上段（本数字） ＊下段（はずれ回数）							
第1回	平成25年	4/5	07	10	12	17	23	28	34	
			0	0	0	0	0	0	0	(0)
第2回	〃	4/12	20	24	29	31	33	34	35	
			1	1	1	1	1	0	1	(6)
第3回	〃	4/19	02	07	08	11	14	23	31	
			2	1	2	2	2	1	0	(10)
第4回	〃	4/26	12	13	22	23	24	28	29	
			2	3	3	0	1	2	1	(12)
第5回	〃	5/3	01	03	04	05	16	21	28	
			4	4	4	4	4	4	0	(24)
第6回	〃	5/10	05	15	19	23	30	34	35	
			0	5	5	1	5	3	3	(22)
第7回	〃	5/17	01	03	05	07	27	29	33	
			1	1	0	3	6	2	4	(17)
第8回	〃	5/24	02	21	28	29	30	32	36	
			4	2	2	0	1	7	7	(23)
第9回	〃	5/31	03	04	15	23	27	30	36	
			1	3	2	2	1	0	0	(9)
第10回	〃	6/7	01	02	03	06	24	28	30	
			2	1	0	9	5	1	0	(18)
第11回	〃	6/14	09	15	26	29	32	34	36	
			10	1	10	2	2	4	1	(30)
第12回	〃	6/21	11	12	14	19	26	27	33	
			8	7	8	5	0	2	4	(34)
第13回	〃	6/28	06	10	16	21	27	28	35	
			2	11	7	4	0	2	6	(32)
第14回	〃	7/5	04	07	08	09	24	28	30	
			4	6	10	2	3	0	3	(28)
第15回	〃	7/12	02	10	14	17	23	25	35	
			4	1	2	13	5	14	1	(40)

＊につきまして後ページで解説します。（注）はずれ回数の合計をはずれ回数表示の右端に示しました。

ボーナス数字	合計●		*L7	セット球●	九星・六曜	第7数字－第1数字
	本のみ	本＋ボ				
(03) (15)	131	149	7	A	八白・友引	27
(12) (32)	206	250	7	E	六白・大安	15
(05) (15)	96	116	7	G	四緑・赤口	29
(02) (14)	151	167	7	C	二黒・先勝	17
(22) (31)	78	131	7	I	九紫・友引	27
(06) (25)	161	192	7	J	七赤・仏滅	30
(06) (15)	105	126	7	H	五黄・大安	32
(06) (08)	178	192	7	B	三碧・赤口	34
(13) (35)	138	186	7	D	一白・先勝	33
(16) (20)	94	130	7	D	八白・友引	29
(14) (35)	181	230	5	F	六白・仏滅	27
(24) (32)	142	198	7	A	四緑・大安	22
(15) (34)	143	192	6	C	八白・赤口	29
(34) (36)	110	180	6	E	一白・先勝	26
(08) (29)	126	163	5	G	三碧・仏滅	33

9

抽選回	年度	日付	上段（本数字） ＊下段（はずれ回数）							
第16回	平成25年	●7/19	05	06	09	13	16	21	23	
			8	2	1	11	2	2	0	(26)
第17回	〃	●7/26	02	03	05	22	34	36	37	
			1	6	0	12	5	5	16	(45)
第18回	〃	●8/2	12	17	21	24	29	31	36	
			5	2	1	3	6	14	0	(31)
第19回	〃	●8/9	02	14	19	20	21	22	31	
			1	3	6	16	0	1	0	(27)
第20回	〃	●8/16	02	05	13	20	21	23	28	
			0	2	3	0	0	3	5	(13)
第21回	〃	●8/23	01	09	13	15	25	30	33	
			10	4	0	9	5	6	8	(42)
第22回	〃	●8/30	02	04	08	09	15	23	25	
			1	7	7	0	0	1	0	(16)
第23回	〃	●9/6	04	08	11	25	28	29	30	
			0	0	10	0	2	4	1	(17)
第24回	〃	●9/13	04	05	08	10	16	19	33	
			0	3	0	8	7	4	2	(24)
第25回	〃	●9/20	01	06	11	16	17	18	21	
			3	8	1	0	6	24	4	(46)
第26回	〃	●9/27	11	13	16	18	26	31	36	
			0	4	0	0	13	6	7	(30)
第27回	〃	●10/4	01	10	11	14	17	18	28	
			1	2	0	7	1	0	3	(14)
第28回	〃	●10/11	06	07	12	15	19	35	37	
			2	13	9	5	3	12	10	(54)
第29回	〃	●10/18	02	03	16	17	24	26	28	
			6	11	2	1	10	2	1	(33)
第30回	〃	●10/25	06	08	13	22	26	32	36	
			1	5	3	10	0	18	3	(40)

ボーナス数字	合計●		*L7	セット球●	九星・六曜	第7数字－第1数字
	本のみ	本＋ボ				
(08) (34)	93	135	6	D	五黄・大安	18
(07) (15)	139	161	5	J	七赤・赤口	35
(20) (26)	170	216	6	G	九紫・先勝	24
(01) (15)	129	145	6	B	二黒・先負	29
(11) (22)	112	145	7	I	四緑・仏滅	26
(19) (28)	126	173	6	H	六白・大安	32
(03) (10)	86	99	7	C	八白・赤口	23
(14) (32)	135	181	6	F	一白・先負	26
(02) (29)	95	126	7	A	三碧・仏滅	29
(10) (24)	90	124	6	E	五黄・大安	20
(21) (27)	151	199	6	D	七赤・赤口	25
(25) (26)	99	150	7	B	九紫・先勝	27
(01) (11)	131	143	4	J	二黒・先負	31
(15) (31)	116	162	5	C	四緑・仏滅	26
(16) (34)	143	193	5	G	六白・大安	30

抽選回	年度	日付	上段（本数字）　＊下段（はずれ回数）							
第31回	平成25年	● 11/1	09	12	13	19	23	33	34	
			8	2	0	2	8	6	13	(39)
第32回	〃	● 11/8	03	08	15	18	27	29	37	
			2	1	3	4	18	8	3	(39)
第33回	〃	● 11/15	01	04	17	24	29	33	36	
			5	8	3	3	0	1	2	(22)
第34回	〃	● 11/22	04	06	07	23	24	32	35	
			0	3	5	2	0	3	5	(18)
第35回	〃	● 11/29	01	16	18	19	25	30	34	
			1	5	2	3	11	11	3	(36)
第36回	〃	● 12/6	05	06	10	11	20	28	36	
			11	1	8	8	15	6	2	(51)
第37回	〃	● 12/13	07	08	10	13	14	19	37	
			2	4	0	5	9	1	4	(25)
第38回	〃	● 12/20	04	14	19	22	24	29	34	
			3	0	0	7	3	4	2	(19)
第39回	〃	● 12/27	07	13	19	23	25	26	30	
			1	1	0	4	3	8	3	(20)
第40回	平成26年	● 1/10	02	06	11	23	26	31	34	
			10	3	3	0	0	13	1	(30)
第41回	〃	● 1/17	02	03	08	15	34	35	36	
			0	8	3	8	0	6	4	(29)
第42回	〃	● 1/24	02	15	16	17	23	31	33	
			0	0	6	8	1	1	8	(24)
第43回	〃	● 1/31	04	06	07	08	24	31	37	
			4	2	3	1	4	0	5	(19)
第44回	〃	● 2/7	03	04	06	15	27	28	29	
			2	0	0	1	11	7	5	(26)
第45回	〃	● 2/14	01	02	09	18	21	27	33	
			9	2	13	9	19	0	2	(54)

ボーナス数字	合計●		*L7	セット球●	九星・六曜	第7数字 −第1数字
	本のみ	本＋ボ				
(20) (32)	143	195	6	I	八白・赤口	25
(31) (34)	137	202	6	A	一白・先負	34
(19) (30)	144	193	7	F	三碧・仏滅	35
(08) (27)	131	166	7	H	五黄・大安	31
(26) (36)	143	205	5	E	七赤・赤口	33
(25) (37)	116	178	5	E	九紫・友引	31
(29) (33)	108	170	7	J	二黒・先負	30
(08) (31)	146	185	7	D	四緑・仏滅	30
(01) (18)	143	162	7	F	四緑・大安	23
(07) (20)	133	160	5	C	九紫・先負	32
(25) (28)	133	186	7	B	七赤・仏滅	34
(08) (26)	137	171	7	G	五黄・大安	31
(05) (13)	117	135	7	C	三碧・先勝	33
(01) (14)	112	127	6	I	一白・友引	26
(25) (31)	111	167	5	A	八白・先負	32

抽選回	年度	日付	上段（本数字） ＊下段（はずれ回数）							
第46回	平成26年	2/21 ●	02	05	06	15	23	27	30	
			0	9	1	1	3	0	6	(20)
第47回	〃	2/28 ●	02	09	11	14	20	21	36	
			0	1	6	8	10	1	5	(31)
第48回	〃	3/7 ●	03	05	24	26	29	30	34	
			3	1	4	7	3	1	6	(25)
第49回	〃	3/14 ●	08	11	12	17	24	26	27	
			5	1	17	6	0	0	2	(31)
第50回	〃	3/21 ●	03	04	07	08	15	24	29	
			1	5	6	0	3	0	1	(16)
第51回	〃	3/28 ●	01	04	05	08	20	23	35	
			5	0	2	0	3	4	9	(23)
第52回	〃	4/4 ●	08	10	22	24	26	32	34	
			0	14	13	1	2	17	3	(50)
第53回	〃	4/11 ●	01	04	14	16	20	33	36	
			1	1	5	10	1	7	5	(30)
第54回	〃	4/18 ●	01	03	05	10	18	22	23	
			0	3	2	1	8	1	2	(17)
第55回	〃	4/25 ●	04	12	14	17	23	30	36	
			1	5	1	5	0	6	1	(19)
第56回	〃	5/2 ●	04	23	26	27	28	32	36	
			0	0	3	6	11	3	0	(23)
第57回	〃	5/9 ●	05	06	12	16	17	20	33	
			2	10	1	3	1	3	3	(23)
第58回	〃	5/16 ●	01	06	07	08	23	32	33	
			3	0	7	5	1	1	0	(17)
第59回	〃	5/23 ●	05	08	12	13	21	30	35	
			1	0	1	19	11	3	7	(42)
第60回	〃	5/30 ●	03	07	09	15	16	23	34	
			5	1	12	9	2	1	7	(37)

ボーナス数字	合計●		*L7	セット球●	九星・六曜	第7数字 −第1数字
	本のみ	本＋ボ				
(04) (35)	108	147	7	J	六白・仏滅	28
(06) (15)	113	134	6	H	四緑・大安	34
(08) (35)	151	194	7	F	二黒・友引	31
(14) (21)	125	160	6	E	九紫・先負	19
(11) (16)	90	117	7	D	七赤・仏滅	26
(15) (33)	96	144	7	D	五黄・大安	34
(05) (09)	156	170	4	B	三碧・先勝	26
(12) (30)	124	166	6	G	一白・友引	35
(07) (35)	82	124	7	I	八白・先負	22
(13) (33)	136	182	7	C	六白・仏滅	32
(29) (30)	176	235	6	A	四緑・先勝	32
(08) (32)	109	149	6	J	二黒・友引	28
(11) (34)	110	155	7	E	九紫・先負	32
(27) (34)	124	185	5	A	七赤・仏滅	30
(05) (33)	107	145	6	B	五黄・赤口	31

15

抽選回	年度	日付	上段（本数字） ＊下段（はずれ回数）							
第61回	平成26年	6/6	05 1	10 6	11 11	21 1	28 4	31 17	37 17	(57)
第62回	〃	6/13	04 5	10 0	12 2	15 1	27 5	32 3	33 3	(19)
第63回	〃	6/20	04 0	08 3	19 23	24 10	28 1	30 3	32 0	(40)
第64回	〃	6/27	04 0	15 1	16 3	17 6	20 6	29 13	36 7	(36)
第65回	〃	7/4	04 0	07 4	12 2	22 10	23 4	24 1	28 1	(22)
第66回	〃	7/11	01 7	11 4	25 26	28 0	31 4	33 3	37 4	(48)
第67回	〃	7/18	07 1	11 0	15 2	17 2	18 12	25 0	35 7	(24)
第68回	〃	7/25	02 20	07 0	13 8	15 0	24 7	34 7	35 0	(37)
第69回	〃	8/1	13 0	17 1	20 4	22 3	28 2	29 4	37 2	(16)
第70回	〃	8/8	09 9	10 7	18 2	21 8	27 7	33 3	35 1	(37)
第71回	〃	8/15	01 4	06 12	13 1	29 1	34 2	35 0	37 1	(21)
第72回	〃	8/22	11 4	12 6	18 1	19 8	20 2	31 5	32 8	(34)
第73回	〃	8/29	12 0	16 8	23 7	25 5	27 2	30 9	32 0	(31)
第74回	〃	9/5	05 12	13 2	14 18	15 5	16 0	24 5	31 1	(43)
第75回	〃	9/12	04 9	09 4	15 0	17 5	19 2	35 3	37 3	(26)

ボーナス数字	合計●		*L7	セット球●	九星・六曜	第7数字－第1数字
	本のみ	本＋ボ				
(13) (14)	143	170	4	F	三碧・先勝	32
(09) (16)	133	158	7	D	一白・友引	29
(12) (37)	145	194	5	H	八白・先負	28
(19) (26)	137	182	6	G	四緑・赤口	32
(25) (34)	120	179	6	I	六白・先勝	24
(03) (20)	166	189	6	E	八白・友引	36
(06) (33)	128	167	6	A	一白・先負	28
(12) (23)	130	165	6	C	三碧・仏滅	33
(11) (12)	166	189	7	J	五黄・赤口	24
(04) (11)	153	168	7	F	七赤・先勝	26
(02) (15)	155	172	6	B	九紫・友引	36
(09) (21)	143	173	7	D	二黒・先負	21
(28) (33)	165	226	7	H	四緑・赤口	20
(09) (11)	118	138	5	I	六白・先勝	26
(10) (20)	136	166	7	G	八白・友引	33

抽選回	年度	日付	上段（本数字）　*下段（はずれ回数）							
第76回	平成26年	●9/19	04	13	18	29	32	34	36	
			0	1	3	4	2	4	11	(25)
第77回	〃	●9/26	03	10	23	25	26	28	30	
			16	6	3	3	20	7	3	(58)
第78回	〃	●10/3	05	06	10	14	24	28	36	
			3	6	0	3	3	0	1	(16)
第79回	〃	●10/10	02	04	07	09	21	29	37	
			10	2	10	3	8	2	3	(38)
第80回	〃	●10/17	02	05	10	18	21	24	27	
			0	1	1	3	0	1	6	(12)
第81回	〃	●10/24	01	03	10	18	28	31	35	
			9	3	0	0	2	6	5	(25)
第82回	〃	●10/31	01	03	16	20	25	27	34	
			0	0	7	9	4	1	5	(26)
第83回	〃	●11/7	01	11	21	26	28	32	35	
			0	10	2	5	1	6	1	(25)
第84回	〃	●11/14	08	16	23	28	29	35	36	
			20	1	6	0	4	0	5	(36)
第85回	〃	●11/21	06	07	10	11	22	26	35	
			6	5	3	1	15	1	0	(31)
第86回	〃	●11/28	03	10	20	21	22	26	30	
			3	0	3	2	0	0	8	(16)
第87回	〃	●12/5	08	09	12	18	20	28	31	
			2	7	13	5	0	2	5	(34)
第88回	〃	●12/12	03	04	10	14	25	29	30	
			1	8	1	9	5	3	1	(28)
第89回◎	〃	●12/19	01	03	11	26	28	34	36	
			5	0	3	2	1	6	4	(21)
第90回	〃	●12/26	02	08	09	13	14	18	37	
			9	2	2	13	1	2	10	(39)

ボーナス数字	合計●		*L7	セット球●	九星・六曜	第7数字－第1数字
	本のみ	本＋ボ				
(24) (33)	166	223	6	E	一白・先負	32
(15) (29)	145	189	5	A	三碧・大安	27
(07) (20)	123	150	7	C	五黄・赤口	31
(06) (36)	109	151	5	J	七赤・先勝	35
(25) (34)	107	166	7	F	九紫・友引	25
(09) (21)	126	156	7	D	二黒・先負	34
(18) (37)	126	181	7	H	四緑・仏滅	33
(18) (22)	154	194	6	B	六白・大安	34
(12) (37)	175	224	6	I	八白・赤口	28
(14) (23)	117	154	6	E	一白・先勝	29
(24) (35)	132	191	7	G	三碧・仏滅	27
(13) (15)	126	154	6	A	五黄・大安	23
(18) (19)	115	152	7	C	七赤・赤口	27
(17) (20)	139	176	7	F	一白・先勝	35
(11) (25)	101	137	5	J	八白・先負	35

抽選回	年度	日付	上段 (本数字) ＊下段 (はずれ回数)							
第91回	平成27年	1/9 ●	01	05	07	14	15	25	35	
			1	10	5	0	15	2	5	(38)
第92回	〃	1/16 ●	04	05	15	25	26	29	32	
			3	0	0	0	2	3	8	(16)
第93回	〃	1/23 ●	02	05	11	14	17	30	32	
			2	0	3	1	17	4	0	(27)
第94回	〃	1/30 ●	13	19	20	27	28	29	30	
			3	18	6	11	4	1	0	(43)
第95回	〃	2/6 ●	01	08	13	14	18	30	34	
			3	4	0	1	4	0	5	(17)
第96回	〃	2/13 ●	09	11	14	21	22	23	24	
			5	2	0	9	9	11	15	(51)
第97回	〃	2/20 ●	07	13	14	16	22	24	35	
			5	1	0	12	0	0	5	(23)
第98回	〃	2/27 ●	03	09	11	13	19	25	33	
			8	1	1	0	3	5	27	(45)
第99回	〃	3/6 ●	13	17	22	24	27	28	35	
			0	5	1	1	4	4	1	(16)
第100回	〃	3/13 ●	01	02	11	16	25	35	36	
			4	6	1	2	1	0	10	(24)
第101回	〃	3/20 ●	11	12	21	23	28	36	37	
			0	13	4	4	1	0	10	(32)
第102回	〃	3/27 ●	01	04	08	27	28	29	31	
			1	9	6	2	0	7	14	(39)
第103回	〃	4/3 ●	02	03	11	12	22	35	36	
			2	4	1	1	3	2	1	(14)
第104回	〃	4/10 ●	07	09	11	15	16	22	37	
			6	5	0	11	3	0	2	(27)
第105回	〃	4/17 ●	03	15	19	20	26	28	33	
			1	0	6	10	12	2	6	(37)

ボーナス数字	合計●		*L7	セット球●	九星・六曜	第7数字 −第1数字
	本のみ	本＋ボ				
(18) (24)	102	144	5	I	四緑・大安	34
(11) (27)	136	174	7	D	二黒・赤口	28
(31) (37)	111	179	6	H	九紫・先負	30
(26) (36)	166	228	5	B	七赤・仏滅	17
(26) (36)	118	180	7	F	五黄・大安	33
(10) (36)	124	170	5	E	三碧・赤口	15
(01) (29)	131	161	6	G	一白・友引	28
(10) (30)	113	153	6	A	八白・先負	30
(11) (19)	166	196	7	C	六白・仏滅	22
(09) (14)	126	149	6	J	四緑・大安	35
(03) (16)	168	187	5	H	二黒・友引	26
(13) (25)	128	166	6	E	九紫・先負	30
(30) (34)	121	185	7	C	七赤・仏滅	34
(12) (13)	117	142	6	A	五黄・大安	30
(17) (21)	144	182	5	F	三碧・赤口	30

抽選回	年度	日付	上段（本数字） ＊下段（はずれ回数）							
第106回	平成27年	4/24	06	10	12	19	21	22	30	
			20	17	2	0	4	1	10	(54)
第107回	〃	5/1	03	08	09	13	17	27	33	
			1	4	2	7	7	4	1	(26)
第108回	〃	5/8	02	06	07	08	28	30	36	
			4	1	3	0	2	1	4	(15)
第109回	〃	5/15	06	17	20	21	24	30	32	
			0	1	3	2	9	0	15	(30)
第110回	〃	5/22	04	12	22	30	31	35	36	
			7	3	3	0	7	6	1	(27)
第111回	〃	5/29	07	08	09	24	28	30	33	
			2	2	3	1	2	0	3	(13)
第112回	〃	6/5	06	07	10	15	27	35	36	
			2	0	5	6	4	1	1	(19)
第113回	〃	6/12	04	06	07	09	15	17	37	
			2	0	0	1	0	3	8	(14)
第114回	〃	6/19	08	13	26	27	28	29	37	
			2	6	8	1	2	11	0	(30)
第115回	〃	6/26	06	08	13	14	20	25	27	
			1	0	0	17	5	14	0	(37)
第116回	〃	7/3	09	14	23	27	28	31	32	
			2	0	14	0	1	5	6	(28)
第117回	〃	7/10	09	10	20	28	31	34	37	
			0	4	1	0	0	21	2	(28)
第118回	〃	7/17	05	08	09	24	27	28	30	
			24	2	0	6	1	0	6	(39)
第119回	〃	7/24	03	06	08	14	15	25	36	
			11	3	0	2	5	3	6	(30)
第120回	〃	7/31	02	16	18	26	32	35	37	
			11	15	24	5	3	7	2	(67)

ボーナス数字	合計●		*L7	セット球●	九星・六曜	第7数字－第1数字
	本のみ	本＋ボ				
(01) (11)	120	132	4	I	一白・友引	24
(29) (31)	110	170	7	G	八白・先負	30
(18) (21)	117	156	7	D	六白・仏滅	34
(07) (23)	150	180	6	B	四緑・大安	26
(19) (37)	170	226	7	H	二黒・友引	32
(01) (34)	139	174	7	J	九紫・先負	26
(13) (20)	136	169	7	E	七赤・仏滅	30
(14) (20)	95	129	7	C	五黄・大安	33
(04) (12)	168	184	6	F	七赤・友引	29
(24) (26)	113	163	5	G	九紫・先負	21
(03) (20)	164	187	6	I	二黒・仏滅	23
(23) (26)	169	218	6	A	四緑・大安	28
(16) (20)	131	167	6	D	六白・先勝	25
(24) (35)	107	166	6	B	八白・友引	33
(09) (36)	166	211	4	C	一白・先負	35

23

抽選回	年度	日付	上段（本数字）　*下段（はずれ回数）						
第121回	平成27年	8/7	02 0	04 7	13 5	16 0	21 11	30 2	37 0 (25)
第122回	〃	8/14	02 0	16 0	18 1	26 1	27 3	34 4	35 1 (10)
第123回	〃	8/21	01 20	03 3	05 4	08 3	29 8	34 0	36 3 (41)
第124回	〃	8/28	01 0	02 1	15 4	17 10	18 1	22 13	36 0 (29)
第125回	〃	9/4	01 0	06 5	11 20	14 5	19 18	28 6	35 2 (56)
第126回	〃	9/11	04 4	10 8	13 4	16 3	17 1	21 4	27 3 (27)
第127回	〃	9/18	10 0	12 16	15 2	23 10	28 1	30 5	35 1 (35)
第128回	〃	9/25	02 3	04 1	08 4	23 0	26 5	27 1	32 7 (21)
第129回	〃	10/2	05 5	07 15	11 3	19 3	24 10	27 0	30 1 (37)
第130回	〃	10/9	01 4	15 2	20 12	23 1	25 10	31 12	32 1 (42)
第131回	〃	10/16	03 7	04 2	12 3	17 4	32 0	34 7	36 6 (29)
第132回	〃	10/23	07 2	10 4	14 6	16 5	20 1	30 2	31 1 (21)
第133回	〃	10/30	03 1	07 0	13 6	15 2	17 1	21 6	30 0 (16)
第134回	〃	11/6	04 2	09 15	20 1	28 6	30 0	34 2	35 6 (32)
第135回	〃	11/13	08 6	09 0	13 1	14 2	24 5	32 3	34 0 (17)

ボーナス数字	合計●		*L7	セット球●	九星・六曜	第7数字 －第1数字
	本のみ	本＋ボ				
(19) (29)	123	171	6	J	三碧・仏滅	35
(05) (12)	158	175	7	H	五黄・先勝	33
(23) (28)	116	167	6	E	七赤・友引	35
(06) (27)	111	144	5	F	九紫・先負	35
(18) (21)	114	153	5	I	二黒・仏滅	34
(01) (18)	108	127	7	D	四緑・大安	23
(06) (25)	153	184	5	A	六白・先勝	25
(03) (35)	122	160	7	C	八白・友引	30
(29) (35)	123	187	5	G	一白・先負	25
(05) (24)	147	176	4	B	三碧・仏滅	31
(23) (31)	138	192	7	J	五黄・赤口	33
(35) (37)	128	200	7	E	七赤・先勝	24
(14) (27)	106	147	7	D	九紫・友引	27
(12) (29)	160	201	6	H	二黒・先負	31
(03) (04)	134	141	7	F	四緑・大安	26

抽選回	年度	日付	上段（本数字） ＊下段（はずれ回数）							
第136回	平成27年	11/20	10	17	24	27	30	33	37	
			3	2	0	6	1	24	14	(50)
第137回	〃	11/27	13	19	21	25	27	32	35	
			1	7	3	6	0	1	2	(20)
第138回	〃	12/4	02	05	17	20	21	32	33	
			9	8	1	3	0	0	1	(22)
第139回	〃	12/11	09	16	18	21	23	34	35	
			3	6	14	0	8	3	1	(35)
第140回	〃	12/18	03	11	12	13	17	26	35	
			6	10	8	2	1	11	0	(38)
第141回	〃	12/25	02	10	18	30	31	32	36	
			2	4	1	4	8	2	9	(30)
第142回	平成28年	1/8	06	12	14	18	21	27	28	
			16	1	6	0	2	4	7	(36)
第143回	〃	1/15	01	03	08	14	28	29	33	
			12	2	7	0	0	19	4	(44)
第144回	〃	1/22	02	09	13	18	22	32	36	
			2	4	3	1	19	2	2	(33)
第145回	〃	1/29	10	12	18	28	29	30	35	
			3	2	0	1	1	3	4	(14)
第146回	〃	2/5	04	10	25	27	28	33	34	
			11	0	8	3	0	2	6	(30)
第147回	〃	2/12	01	05	07	12	15	24	25	
			3	8	13	1	13	10	0	(48)
第148回	〃	2/19	01	09	11	16	20	30	34	
			0	3	7	8	9	2	1	(30)
第149回	〃	2/26	01	04	15	19	22	23	31	
			0	2	1	11	4	9	7	(34)
第150回	〃	3/4	06	07	14	20	27	31	34	
			7	2	6	1	3	0	1	(20)

ボーナス数字	合計●		*L7	セット球●	九星・六曜	第7数字 −第1数字
	本のみ	本+ボ				
(18) (31)	178	227	5	I	六白・赤口	27
(16) (20)	172	208	7	A	八白・先勝	22
(30) (35)	130	195	7	E	一白・友引	31
(04) (36)	156	196	6	C	三碧・大安	26
(01) (33)	117	151	5	G	五黄・赤口	32
(21) (29)	159	209	7	B	三碧・先勝	34
(01) (33)	126	160	6	J	八白・先負	22
(04) (31)	116	151	5	D	六白・大安	32
(17) (26)	132	175	6	H	四緑・赤口	34
(04) (19)	162	185	7	J	二黒・先勝	25
(15) (35)	161	211	6	F	九紫・友引	30
(08) (14)	89	111	4	E	七赤・大安	24
(12) (33)	121	166	7	C	五黄・赤口	33
(12) (32)	115	159	6	I	三碧・先勝	30
(11) (24)	139	174	7	A	一白・友引	28

抽選回	年度	日付	上段（本数字）　*下段（はずれ回数）						
第151回	平成28年	● 3/11	09 2	10 4	13 6	15 1	21 8	22 1	24 3　(25)
第152回	〃	● 3/18	08 8	12 4	17 11	21 0	23 2	24 0	31 1　(26)
第153回	〃	● 3/25	07 2	09 1	10 1	16 4	20 2	28 6	37 16　(32)
第154回	〃	● 4/1	02 9	04 4	19 4	21 1	24 1	28 0	35 8　(27)
第155回	〃	● 4/8	02 0	09 1	13 3	18 9	22 3	24 0	26 14　(30)
第156回	〃	● 4/15	04 1	09 0	16 2	19 1	22 0	33 9	34 5　(18)
第157回	〃	● 4/22	05 9	09 0	16 0	26 1	28 2	29 11	32 12　(35)
第158回	〃	● 4/29	03 14	06 7	07 4	30 9	32 0	36 13	37 4　(51)
第159回	〃	● 5/6	10 5	14 8	17 6	21 4	23 6	27 8	31 6　(43)
第160回	〃	● 5/13	01 10	02 4	08 7	24 4	32 1	36 1	37 1　(28)
第161回	〃	● 5/20	08 0	14 1	17 1	18 5	20 7	22 4	34 4　(22)
第162回	〃	● 5/27	02 1	07 3	08 0	12 9	14 0	23 2	27 2　(17)
第163回	〃	● 6/3	01 2	02 0	06 4	16 5	28 5	30 4	31 3　(23)
第164回	〃	● 6/10	03 5	13 8	20 2	23 1	31 0	35 9	36 3　(28)
第165回	〃	● 6/17	09 7	11 16	14 2	15 13	16 1	18 3	27 2　(44)

ボーナス数字	合計●		*L7	セット球●	九星・六曜	第7数字 −第1数字
	本のみ	本＋ボ				
(04) (08)	114	126	7	B	八白・仏滅	15
(06) (07)	136	149	6	G	六白・大安	23
(02) (33)	127	162	6	D	四緑・赤口	30
(03) (13)	133	149	7	H	二黒・先勝	33
(10) (37)	114	161	6	J	九紫・仏滅	24
(17) (36)	137	190	7	E	七赤・大安	30
(01) (37)	145	183	5	C	五黄・赤口	27
(05) (20)	151	176	5	I	三碧・先勝	34
(16) (24)	143	183	7	G	一白・友引	21
(23) (33)	140	196	6	F	八白・仏滅	36
(04) (30)	133	167	7	B	六白・大安	26
(06) (10)	93	109	7	A	四緑・赤口	25
(03) (07)	114	124	7	F	二黒・先勝	30
(02) (11)	161	174	7	D	九紫・仏滅	33
(06) (20)	110	136	5	H	三碧・大安	18

抽選回	年度	日付	上段（本数字）　＊下段（はずれ回数）							
第166回	平成28年	6/24	14	20	27	29	30	31	37	
			0	1	0	8	2	1	5	(17)
第167回	〃	7/1	01	03	05	07	10	26	36	
			3	2	9	4	7	9	2	(36)
第168回	〃	7/8	03	09	12	14	19	20	36	
			0	2	5	1	11	1	0	(20)
第169回	〃	7/15	01	05	10	20	21	28	30	
			1	1	1	0	9	5	2	(19)
第170回	〃	7/22	03	05	06	09	27	32	36	
			1	0	6	1	3	9	1	(21)
第171回	〃	7/29	01	02	06	21	23	27	28	
			1	7	0	1	6	0	1	(16)
第172回	〃	8/5	05	20	21	27	30	31	36	
			1	2	0	0	2	5	1	(11)
第173回	〃	8/12	07	09	19	22	24	27	30	
			5	2	4	11	12	0	0	(34)
第174回	〃	8/19	10	13	14	15	23	31	32	
			4	9	5	8	2	1	3	(32)
第175回	〃	8/26	06	17	21	31	33	35	37	
			3	13	2	0	18	10	8	(54)
第176回	〃	9/2	01	11	12	17	22	30	35	
			4	10	7	0	2	2	0	(25)
第177回	〃	9/9	09	15	19	23	25	34	36	
			3	2	3	2	29	15	4	(58)
第178回	〃	9/16	06	09	11	15	26	34	36	
			2	0	1	0	10	0	0	(13)
第179回	〃	9/23	04	09	12	13	22	26	36	
			22	0	2	4	2	0	0	(30)
第180回	〃	9/30	01	08	11	21	23	25	28	
			3	17	1	4	2	2	8	(37)

ボーナス数字	合計●		*L7	セット球●	九星・六曜	第7数字－第1数字
	本のみ	本＋ボ				
(23) (34)	188	245	7	J	五黄・赤口	23
(19) (37)	88	144	7	E	七赤・先勝	35
(02) (05)	113	120	6	I	九紫・仏滅	33
(25) (26)	115	166	7	C	二黒・大安	29
(12) (24)	118	154	7	A	四緑・赤口	33
(11) (16)	108	135	7	B	六白・先勝	27
(09) (26)	170	205	7	D	八白・先負	31
(04) (28)	138	170	5	G	一白・仏滅	23
(04) (29)	138	171	7	F	三碧・大安	22
(14) (18)	180	212	4	H	五黄・赤口	31
(15) (16)	128	159	6	J	七赤・先負	34
(02) (35)	161	198	5	I	九紫・仏滅	27
(13) (37)	137	187	6	E	二黒・大安	30
(05) (33)	122	160	6	C	四緑・赤口	32
(05) (37)	117	159	6	D	六白・先勝	27

抽選回	年度	日付	上段（本数字）　＊下段（はずれ回数）							
第181回	平成28年	10/7	07	08	10	13	19	23	24	
			7	0	6	1	3	0	7	(24)
第182回	〃	10/14	01	07	10	11	20	23	30	
			1	0	0	1	9	0	5	(16)
第183回	〃	10/21	06	15	20	26	33	34	37	
			4	4	0	3	7	4	7	(29)
第184回	〃	10/28	07	14	18	22	23	26	34	
			1	9	18	4	1	0	0	(33)
第185回	〃	11/4	01	02	04	16	26	29	34	
			2	13	5	19	0	18	0	(57)
第186回	〃	11/11	05	14	16	19	31	33	37	
			13	1	0	4	10	2	2	(32)
第187回	〃	11/18	04	06	10	23	24	32	36	
			1	3	4	2	5	12	7	(34)
第188回	〃	11/25	06	15	19	25	26	30	31	
			0	4	1	7	2	5	1	(20)
第189回	〃	12/2	03	07	08	10	18	23	35	
			18	4	7	1	4	1	12	(47)
第190回	〃	12/9	02	11	12	18	21	33	36	
			4	7	10	0	9	3	2	(35)
第191回	〃	12/16	08	15	21	24	26	27	29	
			1	2	0	3	2	17	5	(30)
第192回	〃	12/23	12	13	14	19	25	33	34	
			1	10	5	3	3	1	6	(29)
第193回	〃	12/30	04	06	20	21	22	24	31	
			5	4	9	1	8	1	4	(32)
第194回	平成29年	1/6	03	06	27	30	31	32	36	
			4	0	2	5	0	6	3	(20)
第195回	〃	1/13	04	07	12	20	23	24	31	
			1	5	2	1	5	1	0	(15)

ボーナス数字	合計●		*L7	セット球●	九星・六曜	第7数字－第1数字
	本のみ	本＋ボ				
(15) (27)	104	146	7	J	八白・先負	17
(03) (37)	102	142	7	A	一白・仏滅	29
(19) (29)	171	219	7	B	三碧・大安	31
(02) (32)	144	178	6	F	五黄・赤口	27
(11) (12)	112	135	4	C	七赤・友引	33
(21) (28)	155	204	5	G	九紫・先負	32
(15) (31)	135	181	6	H	二黒・仏滅	32
(14) (18)	152	184	7	E	四緑・大安	25
(01) (19)	104	124	5	D	六白・友引	32
(08) (34)	133	175	6	I	二黒・先負	34
(07) (30)	150	187	6	J	九紫・仏滅	21
(03) (22)	150	175	6	F	七赤・大安	22
(09) (10)	128	147	7	A	五黄・先勝	27
(14) (23)	165	202	7	B	三碧・友引	33
(26) (35)	121	182	7	H	一白・先負	27

抽選回	年度	日付	上段（本数字） ＊下段（はずれ回数）							
第196回	平成29年	1/20 ●	07	13	15	25	30	32	37	
			0	3	4	3	1	1	9	(21)
第197回	〃	1/27 ●	06	08	10	12	16	21	28	
			2	5	7	1	10	3	16	(44)
第198回	〃	2/3 ●	18	21	31	32	33	36	37	
			7	0	2	1	5	3	1	(19)
第199回	〃	2/10 ●	01	09	17	20	22	28	29	
			13	19	22	3	5	1	7	(70)
第200回	〃	2/17 ●	13	14	17	21	27	28	34	
			3	7	0	1	5	0	7	(23)
第201回	〃	2/24 ●	08	11	17	24	28	31	32	
			3	10	0	5	0	2	2	(22)
第202回	〃	3/3 ●	03	07	11	16	22	34	37	
			7	5	0	4	2	1	3	(22)
第203回	〃	3/10 ●	06	13	17	22	32	33	36	
			5	2	1	0	1	4	4	(17)
第204回	〃	3/17 ●	05	19	20	21	30	34	36	
			17	11	4	3	7	1	0	(43)
第205回	〃	3/24 ●	04	05	19	31	35	36	37	
			9	0	0	3	15	0	2	(29)
第206回	〃	3/31 ●	01	06	07	11	27	35	36	
			6	2	3	3	5	0	0	(19)
第207回	〃	4/7 ●	04	05	10	13	28	32	33	
			1	1	9	3	5	3	3	(25)
第208回	〃	4/14 ●	04	13	16	18	22	26	33	
			0	0	5	9	4	16	0	(34)
第209回	〃	4/21 ●	03	04	06	13	22	31	36	
			6	0	2	0	0	3	2	(13)
第210回	〃	4/28 ●	02	04	06	11	15	19	36	
			19	0	0	3	13	4	0	(39)

ボーナス数字	合計●		*L7	セット球●	九星・六曜	第7数字 −第1数字
	本のみ	本＋ボ				
(08) (14)	159	181	7	G	八白・仏滅	30
(14) (23)	101	138	5	A	六白・大安	22
(05) (25)	208	238	7	C	四緑・先勝	19
(13) (16)	126	155	4	E	二黒・友引	28
(01) (11)	154	166	7	B	九紫・先負	21
(12) (34)	151	197	6	D	七赤・仏滅	24
(29) (32)	130	191	7	F	五黄・先勝	34
(12) (28)	159	199	7	A	三碧・友引	30
(07) (12)	165	184	5	I	一白・先負	31
(27) (32)	167	226	6	G	八白・仏滅	33
(22) (26)	123	171	7	J	六白・赤口	35
(19) (26)	125	170	7	C	四緑・先勝	29
(27) (29)	132	188	6	H	二黒・友引	29
(28) (34)	115	177	7	C	九紫・先負	33
(23) (34)	93	150	5	F	七赤・赤口	34

抽選回	年度	日付	上段（本数字）　＊下段（はずれ回数）							
第211回	平成29年	5/5	07	15	22	25	31	32	35	
			4	0	1	14	1	3	4	(27)
第212回	〃	5/12	04	06	10	19	20	24	29	
			1	1	4	1	7	10	12	(36)
第213回	〃	5/19	05	13	15	18	19	24	35	
			5	3	1	4	0	0	1	(14)
第214回	〃	5/26	02	06	09	12	31	36	37	
			3	1	14	16	2	3	8	(47)
第215回	〃	6/2	11	12	13	21	29	36	37	
			4	0	1	10	2	0	0	(17)
第216回	〃	6/9	09	14	22	24	25	36	37	
			1	15	4	2	4	0	0	(26)
第217回	〃	6/16	04	06	26	27	28	35	36	
			4	2	8	10	9	3	0	(36)
第218回	〃	6/23	15	16	17	21	26	29	30	
			4	9	14	2	0	2	13	(44)
第219回	〃	6/30	06	09	13	14	21	25	31	
			1	2	3	2	0	2	4	(14)
第220回	〃	7/7	07	09	11	18	25	28	35	
			8	0	4	6	0	2	2	(22)
第221回	〃	7/14	01	02	09	11	17	30	35	
			14	6	0	0	2	2	0	(24)
第222回	〃	7/21	03	09	18	21	23	27	29	
			12	0	1	2	26	4	3	(48)
第223回	〃	7/28	10	13	19	21	26	33	34	
			10	3	9	0	4	14	18	(58)
第224回	〃	8/4	02	04	07	10	12	29	34	
			2	6	3	0	8	1	0	(20)
第225回	〃	8/11	13	15	17	18	20	21	26	
			1	6	3	2	12	1	1	(26)

ボーナス数字	合計●		*L7	セット球●	九星・六曜	第7数字 -第1数字
	本のみ	本+ボ				
(29) (36)	167	232	6	E	五黄・先勝	28
(01) (27)	112	140	5	B	三碧・友引	25
(20) (23)	129	172	7	I	一白・先負	30
(03) (22)	133	158	5	A	八白・大安	35
(07) (09)	159	175	6	D	六白・赤口	26
(08) (28)	167	203	6	G	六白・先勝	28
(24) (34)	162	220	6	C	八白・友引	32
(10) (34)	154	198	5	J	一白・先負	15
(02) (04)	119	125	7	I	三碧・大安	25
(20) (27)	133	180	7	H	五黄・赤口	28
(13) (36)	105	154	6	D	七赤・先勝	34
(35) (37)	130	202	5	F	九紫・友引	26
(24) (25)	156	205	4	A	二黒・大安	24
(01) (21)	98	120	7	E	四緑・赤口	32
(25) (29)	130	184	6	G	六白・先勝	13

抽選回	年度	日付	上段（本数字） ＊下段（はずれ回数）							
第226回	平成29年	8/18	12 1	17 0	21 0	24 9	26 0	30 4	32 14	(28)
第227回	〃	8/25	02 2	03 4	07 2	09 4	22 10	23 4	26 0	(26)
第228回	〃	9/1	06 8	11 6	14 8	21 1	24 1	28 7	31 8	(39)
第229回	〃	9/8	02 1	03 1	09 1	30 2	33 5	36 11	37 12	(33)
第230回	〃	9/15	03 0	05 16	08 28	15 4	22 2	25 9	27 7	(66)
第231回	〃	9/22	04 6	15 0	18 5	24 2	25 0	34 6	36 1	(20)
第232回	〃	9/29	02 2	04 0	07 4	09 2	15 0	35 10	37 2	(20)
第233回	〃	10/6	03 2	13 7	17 6	25 1	26 5	27 2	29 8	(31)
第234回	〃	10/13	07 1	14 5	15 1	16 15	23 6	25 0	30 4	(32)
第235回	〃	10/20	02 2	09 2	13 1	18 3	21 6	33 5	34 3	(22)
第236回	〃	10/27	19 12	22 5	23 1	34 0	35 3	36 4	37 3	(28)
第237回	〃	11/3	03 3	04 4	07 2	19 0	20 11	21 1	29 3	(24)
第238回	〃	11/10	03 0	21 0	26 4	33 2	34 1	35 1	37 1	(9)
第239回	〃	11/17	08 8	13 3	17 5	21 0	23 2	28 10	37 0	(28)
第240回	〃	11/24	09 4	12 13	14 5	24 8	29 2	31 11	35 1	(44)

参考までに1回〜240回までのはずれ回数の合計の平均は29.3375。

1回から240回までのL7の平均は6.1583333となります。

ロトセブンの1〜37までの出現回数は ロトセブン出現回数 検索 で。

ボーナス数字	合計●		*L7	セット球●	九星・六曜	第7数字－第1数字
(10) (22)	本のみ 162	本＋ボ 194	6	B	八白・友引	20
(29) (30)	92	151	6	J	一白・仏滅	24
(22) (36)	135	193	7	C	三碧・大安	25
(01) (32)	150	183	5	I	五黄・赤口	35
(18) (31)	105	154	5	H	七赤・先勝	24
(10) (26)	156	192	7	D	九紫・仏滅	32
(10) (23)	109	142	6	F	二黒・大安	35
(08) (37)	140	185	7	E	四緑・赤口	26
(05) (34)	130	169	6	F	六白・先勝	23
(03) (11)	130	144	7	A	八白・先負	32
(10) (30)	206	246	6	I	一白・仏滅	18
(08) (33)	103	144	6	J	三碧・大安	26
(23) (31)	189	243	7	B	五黄・赤口	34
(01) (14)	147	162	6	C	七赤・先勝	29
(05) (30)	154	189	5	G	九紫・仏滅	26

抽選回	年度	日付	上段（本数字） *下段（はずれ回数）							
第241回	平成29年	12/1 ●	05 10	11 12	12 0	19 3	21 1	26 2	28 1	(29)
第242回	〃	12/8 ●	01 20	05 0	13 2	17 2	31 1	32 15	35 1	(41)
第243回	〃	12/15 ●	06 14	09 2	13 0	18 7	20 5	22 6	30 8	(42)
第244回	〃	12/22 ●	02 8	09 0	17 1	22 0	32 1	34 5	36 7	(22)
第245回	〃	12/29 ●	02 0	08 5	09 0	11 3	24 4	26 3	27 11	(26)
第246回	平成30年	1/5 ●	03 7	06 2	09 0	19 4	23 6	25 11	31 3	(33)
第247回	〃	1/12 ●	10 22	12 5	13 3	16 12	34 2	35 4	36 2	(50)
第248回	〃	1/19 ●	01 5	05 5	06 1	22 3	25 1	27 2	31 1	(18)
第249回	〃	1/26 ●	09 2	20 5	28 7	29 8	31 0	34 1	37 9	(32)
第250回	〃	2/2 ●	05 1	09 0	10 2	13 2	26 4	30 6	34 0	(15)
第251回	〃	2/9 ●	01 2	15 16	20 1	26 0	28 1	34 0	37 1	(21)
第252回	〃	2/16 ●	08 6	23 5	24 6	25 3	27 3	30 1	31 2	(26)
第253回	〃	2/23 ●	06 4	07 15	09 2	12 5	15 1	17 8	24 0	(35)
第254回	〃	3/2 ●	01 2	12 0	14 13	18 10	23 1	24 0	31 1	(27)
第255回	〃	3/9 ●	01 0	04 17	11 9	13 4	15 1	21 13	32 10	(54)

筆者が第253回修了時点で気がつきました知識を公開します。

ミニロト・ロトシックス・ロトセブンの数字選択式宝くじの元祖にナンバーズ3・ナンバーズ4というものがありますが、

例として、第189回ナンバーズ3－119、ナンバーズ4－7981となります。

ここで、前述に出現している1桁の数字を列挙しますと、1、7、8、9、となります。

この数字を使用して組み合わせて1～37までの1桁・2桁の数字を示すと、01、07、08、09、17、18、19と数学や算数の様ですが、第189回ロトセブンに出現した数字は01、07、08、09、17、18、19となりました。

ボーナス数字	合計●		*L7	セット球●	九星・六曜	第7数字－第1数字
	本のみ	本＋ボ				
(04) (20)	122	146	5	H	二黒・大安	23
(19) (24)	134	177	5	E	六白・赤口	34
(11) (14)	118	143	6	D	四緑・先勝	24
(11) (12)	152	175	7	F	二黒・先負	34
(07) (36)	107	150	6	A	九紫・仏滅	25
(21) (36)	116	173	6	I	七赤・大安	28
(11) (37)	156	204	5	G	五黄・赤口	26
(12) (18)	117	147	7	J	三碧・友引	30
(05) (25)	188	218	7	D	一白・先負	28
(18) (23)	127	168	7	F	八白・仏滅	29
(23) (30)	161	214	6	B	六白・大安	36
(11) (17)	168	196	7	C	四緑・先勝	23
(26) (29)	90	145	6	H	二黒・友引	18
(07) (26)	123	156	5	A	九紫・先負	30
(05) (10)	97	112	4	C	七赤・仏滅	31

その他の例でも、第235回ナンバーズ3－582　ナンバーズ4－4080
出現1桁数字0、2、4、5、8、1から37迄の数字を組み合わせると、
02、04、05、08、20、24、25、28
更に、第253回ナンバーズ3－616、ナンバーズ4－9434
出現1桁数字は、1、3、4、6、9で、1～37迄の数字を組み合わせると、
01、03、04、06、09、13、14、16、19、31、34、36となります。
出現頻度に差はありますが、出現可能性のある数字を選出する手段の一環ではないかと考えます。

抽選回	年度	日付	上段（本数字）　*下段（はずれ回数）							
第256回	平成30年	●3/16	14 1	21 0	24 1	27 3	30 3	33 17	37 4	(29)
第257回	〃	●3/23	05 6	15 1	16 9	26 5	27 0	32 1	35 9	(31)
第258回	〃	●3/30	01 2	03 11	11 2	20 6	23 3	32 0	35 0	(24)
第259回	〃	●4/6	05 1	06 5	15 1	19 12	22 10	29 9	32 0	(38)
第260回	〃	●4/13	04 4	08 7	12 5	23 1	29 0	31 5	34 8	(30)
第261回	〃	●4/20	04 0	14 4	15 1	17 7	21 4	23 0	26 3	(19)
第262回	〃	4/27	02 16	06 2	07 8	09 8	19 2	23 0	36 14	(50)
第263回	〃	5/4								
第264回	〃	5/11								
第265回	〃	5/18								
第266回	〃	5/25								
第267回	〃	6/1								
第268回	〃	6/8								
第269回	〃	6/15								
第270回	〃	6/22								

ボーナス数字	合計●		*L7	セット球●	九星・六曜	第7数字－第1数字
(19) (20)	本のみ	本＋ボ	6	E	五黄・大安	23
	186	225				
(23) (28)	156	207	7	G	三碧・友引	30
(25) (26)	125	176	6	B	一白・先負	34
(04) (31)	128	163	5	I	八白・仏滅	27
(05) (06)	141	152	7	G	六白・大安	30
(07) (08)	120	135	7	F	四緑・先勝	22
(05) (15)	102	122	5	J	二黒・友引	34
					九紫・先負	
					七赤・仏滅	
					五黄・先勝	
					三碧・友引	
					九紫・先負	
					二黒・仏滅	
					四緑・赤口	
					六白・先勝	

抽選回	年度	日付	上段（本数字）　＊下段（はずれ回数）
第271回	平成30年	6/29	
第272回	〃	7/6	
第273回	〃	7/13	
第274回	〃	7/20	
第275回	〃	7/27	
第276回	〃	8/3	
第277回	〃	8/10	
第278回	〃	8/17	
第279回	〃	8/24	
第280回	〃	8/31	

　以上が詳細データ1であります。次項より、本データを基本とした考察を展開して参りたいと思います。

（第262回迄記入致しました。もし宜しければ、今後のデータを記入して活用して頂ければと思います。）

　右に詳細データ2で詳しく解説させて頂きますゲイル理論につきまして第262回終了時点での表を参考までに提示致します。

ボーナス数字	合計●		*L7	セット球●	九星・六曜	第7数字 −第1数字
	本のみ	本＋ボ				
					八白・友引	
					一白・先負	
					三碧・赤口	
					五黄・先勝	
					七赤・友引	
					九紫・先負	
					二黒・仏滅	
					四緑・先勝	
					六白・友引	
					八白・先負	

第262回終了時（第263回対策時）

はずれ回数

0	02	06	07	09	19	23	36
1	04	14	15	17	21	26	
2	08	12	29	31	34		
3	05	22	32				
4	01	03	11	20	35		
5	16	27					
6	24	30	33	37			
7	13						
8	18						
9	—						

10	25
11	28
12	10
13	—
14	—
・	
・	
・	
・	
・	

1）抽選回・抽選日から考察するロトシックス・ミニロトとの因果関係

詳細データ1 を基礎として、ここから知識を展開させてゆきたいと思います。

A）抽選回について

　毎回の抽選で必ず存在しうる「抽選回」ですが、抽選回について、ロトセブン攻略上で、最初に念頭に置くべきものがあります。必要なデータともいいますが、それは、ロトセブンの抽選回と同数回のロトシックス・ミニロトの抽選数字及び、直前回（前日）のロトシックスの抽選数字・直前回（3日前）のミニロトの抽選数字です。

　実はこれらの数字の中に、今回のロトセブンの抽選数字が存在します。例として、平成29年2月24日に実施されたロトセブンに必要であったデータを提示致します。

抽選回—第201回ロトセブンに必要なデータ

　　　　（H.29 2/24　七赤・仏滅）

第201回ロトシックス	10	13	16	⑰	㉔	39	(43)
第201回ミニロト	03	05	23	25	26	⑰	
直前ロトシックス（第1151回）	05	23	25	26	29	㉛	(19)
直前ミニロト（第911回）	02	03	04	13	16	⑰	

平成29年2月24日実施の第201回ロトセブンの抽選数字は

　08　11　17　24　28　31　32　(12)　(34)　でした。

注：抽選数字であった17・24・31に○印を付けました。

　尚、ロトセブンは1〜37までの選択数字ですので、ロトシックスの抽選数字の38〜43は以降の説明で登場した際は数字の上に×を付けさせて頂きます。)

　4種類の抽選数字から3つのロトセブンの数字が存在しました。具体的にどのような数字を選択すればよいか迷うのが、ロトセブンファンの宿命ですね。

　重複数字が多いので、若い番号から出現数字を次のように列挙すると便利であると思われます。

　02…直前ミニロト

03…201回ミニロト、直前ミニロト
04…直前ミニロト
05…第201回ミニロト、直前ロトシックス
10…第201回ロトシックス
13…第201回ロトシックス、直前ミニロト
16…第201回ロトシックス、直前ミニロト
17…第201回ロトシックス、第201回ミニロト（ボ）、直前ミニロト（ボ）
19…直前ロトシックス（ボ）
23…第201回ミニロト、直前ロトシックス
24…第201回ロトシックス
25…第201回ミニロト、直前ロトシックス
26…第201回ミニロト、直前ロトシックス
29…直前ロトシックス
31…直前ロトシックス

今回ですと第201回のロトシックス・ミニロト、直前ミニロトに出現しました「17」が最強数字のように思われます。

その他の例として、第200回ロトセブンに必要なデータとして、

第200回ロトシックス	04	07	11	19	25	28	(02)
第200回ミニロト	01	04	12	13	18	(25)	
直前ロトシックス (第1150回)	02	14	22	23	35	43	(31)
直前ミニロト (910回)	10	14	20	26	30	(03)	

のような一例もありますが、直前ロトシックス・ミニロトに出現して、更に当選した「14」の様な数字もあれば、第200回ロトシックス・ミニロトに共通して出現しながらもロトセブンでは未出現でした04・25の様な数字もあります。（第200回抽選数字：13　14　17　21　27　28　34（01）（11））

> 最新回のロトセブンの直近回（10回程度）の数字が、同数回ロトシックス・同数回ミニロト・直前ロトシックス・直前ミニロトから出現している頻度を確認しておくのもよいと思います。各4項目で出現率が高まっている項目は最新回での出現率も高いと思われます。

次は抽選日の「日付」について考察を進めて参りましょう。

B）抽選日の日付について

平成29年2月24日実施の第201回ロトセブンを例に挙げますと、重要となるのは過去のロトシックス・ミニロトの同一抽選日（2月24日）となります。

〈第201回ロトセブン、08　11　17　24　28　31　32（12）（34）七赤・仏滅〉

[ロトシックス（過去の2/24）]

第227回（H.17 2/24）　06　13　17　29　32　36（35）
仏滅・四緑

第537回（H.23 2/24）　10　18　22　24　26　37（12）
仏滅・二黒

第841回（H.26 2/24）　08　22　24　28　31　36（38）
先勝・九紫

[ミニロト（過去の2/24）]

第240回（H.16 2/24）　02　06　14　28　29（11）
赤口・七赤

第498回（H.21 2/24）　02　15　20　23　30（03）
赤口・一白

第808回（H.27 2/24）　08　09　26　27　30（03）
赤口・五黄

更に他の例を示します。〈第200回　ロトセブン13　14　17　21　27　28　34（01）（11）先負・九紫〉

H.29（2/17）

[ロトシックス]

第226回（H.17 2/17）　08　26　36　40　42　43（21）
先負・六白

第536回（H.23 2/17）　04　10　12　14　23　36（02）
先負・四緑

第839回（H.26 2/17）　01　03　05　12　13　38（37）
赤口・二黒

[ミニロト]

第239回（H.16 2/17）　16　18　21　23　27（31）
★先負・九紫←六曜・九星が完全一致！

第497回（H.21 2/17）　04　○21　23　○27　○28（26）
大安・三碧
第807回（H.27 2/17）　05　07　○13　○17　19（03）
仏滅・七赤

6回中3回出現した21が第200回ロトセブンに抽選！

次に（1）抽選回の内容も含めて第189回の例を挙げます。
第189回に必要なデータ　※第189回抽選数字：03　07　08　10　18　23　35（01）（19）（六白・友引）

第189回ロトシックス　○03　32　○35　36　×39　×40（05）
第189回ミニロト　09　16　22　25　26（○03）
直前ロトシックス（1128回）　○03　15　21　29　30　○35（×39）
直前ミニロト（900回）　△01　15　○18　22　25（△19）

[過去のロトシックス（12/2）]

第215回（H.16 12/2）　△01　04　13　○18　22　31（30）
赤口・九紫（木）
第525回（H.22 12/2）　△01　11　17　28　33　×38（20）
赤口・二黒（木）
第818回（H.25 12/2）　05　21　24　34　37　×38（16）
先負・四緑（月）

[過去のミニロト（12/2）]

第228回（H.15 12/2）　○10　17　21　24　27（02）
先勝・○六白
第486回（H.20 12/2）　05　○08　20　22　26（△19）
先負・○六白
第796回（H.26 12/2）　○03　○10　△19　21　30（○07）
○友引・八白

以上より、ロトセブンの抽選日の日付において重要なものは、ロトシックス・ミニロトの過去の同一日で九星・六曜のいずれかが一致しているものは狙い目で、更に、第200回のロトセブンの抽選日と九星・六曜共に同一であった第239回ミニロトの様な時は更に重要となります

あと、ロトセブンの抽選日の、過去のロトシックス・ミニロトの同一日で直近の抽選日の数字もまた重要ではないかと考えられます。直近のロトシックス・ミニロトで更に九星・六曜が一致していれば可能性は更に強まるのではないでしょうか。

ロト史上で九星・六曜はとても重要な要素であり、以降の章でも更に考察を深めて参りたいと思います。

そして、日付の理論で更に重要な点があります。

ロトセブンは平成25年4月5日から始まりましたが、因みに月、日共に同一の金曜日は現時点から6年後にロトセブン史上で訪れます。

因みに第1回ロトセブン（平成25年4月5日実施）の次の4月5日金曜日は2019年4月5日金曜日となります。

抽選回はおそらく311回を迎えているものと考えられます。

ここで重要になるのは、次回の同一日の金曜日の抽選回と同数値の回のロトシックス・ミニロトの抽選数字となります。

第1回ロトセブンは　07　10　12　17　23　28　34（03）（15）でしたが、311回ロトシックス・ミニロトの抽選数字は、

第311回ロトシックス　01　16　22　36　37　42（34）
第311回ミニロト　02　17　19　28　29（10）

となり、第1回ロトセブンの抽選数字が多く出現していました。

（第1回当選番号の　07　10　12　17　23　28　34（03）（15）から第311回ロトセブンに出現する数字も多く存在すると考えられます。）

平成29年2月17日金曜日の次回の2月17日金曜日は2023年2月17日金曜日であります。抽選回は510回となります。510回ロトシックス・ミニロトは、

第200回ロトセブン　13　14　17　21　27　28　34（01）（11）
第510回ロトシックス　12　15　26　35　41　43（25）
第510回ミニロト　18　19　21　23　30（25）

21のみの出現でした。21には、過去のロトシックス・ミニロトの2/17にも高頻度に出現していました。尚、23の様に同様に高頻度に出現していた数字でも200回ロトセブンに出現しなかった数字もあります。更に以降で考察を深めて参りましょう。

その他の近回の的中例として、平成29年2月24日金曜日の次回の2月24日

金曜日は、2023年2月24日金曜日であります。抽選回は第511回となります。ここで重要になるデータに第511回ロトシックス・ミニロトがあります。

第511回ロトシックス	04	22	23	27	~~38~~	~~43~~	(09)
第511回ミニロト	13	16	26	28	31	(11)	

今回の28、31、11はロトシックス・ミニロトの過去の同一日（2月24日）の最近回のロトシックス（841回）、ミニロトの七赤の（240回）にも出現していました

このようにロトセブンの抽選回と同一日の過去のロトシックス・ミニロトの当選数字、特に九星・六曜一致や直近回とロトセブンの次回の同一日の金曜日（6年後）と同数回のロトシックス・ミニロトの当選数字を照らし合わせる重要性を感じました。

第189回ロトセブン（平成28年12月2日実施）の次の12月2日金曜日は、2022年12月2日金曜日、抽選回はおそらく、第499回を迎えていると思われます。

189回ロトセブンは　03　07　08　10　18　23　35（01）（19）でしたが、第499回ロトシックス・ミニロトの抽選数字は

第499回ロトシックス	03	09	15	16	22	35	(12)
第499回ミニロト	02	08	14	15	26	(31)	

となりました。（因みに03は189回ロトシックス・ミニロト189回ロトセブンの前日の1128回ロトシックスにも出現していました。35も第189回ロトシックス・1128回ロトシックスにも出現しておりました。

（他の根拠もあり、第189回ロトセブンに出現したものと考えられます。以降で考察を深めて参りましょう。）

また更に03も第796回のミニロト（H.26 12/2—友引）に出現しています。

前置きが長くなりましたが、[抽選回]の次回の同一日の金曜日（6年後）と同数回のロトシックス・ミニロトの抽選数字と、ロトシックス・ミニロトの過去の[抽選回]との同一日を照らし合わせてゆきたいと思います。

※[抽選回]とは最新回（皆様が購入される回）が基準となります。

第199回ロトセブンで更に検証してみます。

第199回ロトセブン（H.29 2/10）01　09　17　20　22　28　29（13）（16）
二黒・友引

次の2月10日金曜日　2023年2月10日　抽選回509回

第509回ロトシックス　　03　04　12　18　27　㉘　(⑳)

他では重複なし。

過去の同一日のロトシックス第837回、過去の同一日のミニロト第806回に出現。

第509回ミニロト　　02　△13　㉒　㉙　30　(08)

過去の同一日ロトシックス第225回に出現

過去の同一日のミニロト、第238回、496回に出現。

過去のロトシックス（月・木）―の2/10（九星・六曜付）

過去の同一日のミニロト第496回で出現。

第225回　　⑨　11　21　31　35　✕38　(△13)　友引・八白

509回ミニロト（本）→199回ロトセブンボーナス数字。

第535回　　06　14　23　24　27　32　(11)　友引・六白

×509回ロト（本）→199回ロトセブンには未出現。

第837回　　05　⑰　34　37　✕39　✕42　㉘　四緑・大安

第199回ロトセブンの直近回のロトシックス

509回ロトシックス・ミニロトには未出現でしたが199回ロトセブン本数字。

第509回ロトシックス→199回ロトセブン本数字

過去のミニロト（火）の2/10（九星・六曜付）

509回ミニロトに出現→第199回ロトセブンに出現。

第238回ミニロト　　△13　15　⑰　㉒　25　(26)　（二黒・友引）

2/10抽選で更に九星・六曜が完全一致！

第837回ロトシックス（第199回ロトセブン直近回のロトシックス）でも登場、第199回ロトセブンに出現。

509回ミニロト

第496回　　　04　10　11　㉒　30　⑨　五黄　仏滅

第509回ロトシックスに出るも第199回ロトセブンに未出現

第806回　　　03　11　21　23　㉘　(24)　九紫・先負

第509回ロトシックスに出現するも199回ロトセブンに未出現

第509回ロトシックス第199回ロトセブン直近回の第837回ロトシックスに登場。

　結論として、第199回ロトセブンのボーナス数字で出現した13について、第509回（第199回ロトセブンの次回の2月10日金曜日実施回と同数回）のミニロトや、友引が一致した第225回ロトシックス、二黒・友引共に一致した第238回ミニロトにも出現しましたが、出現有力候補だったのではないでしょうか。

22も二黒・友引共に一致の第238回ミニロトや509回ミニロト、九星・六曜は一致しませんでしたが、第496回ミニロトに出現していました。多く出現していた為、出現有力候補であったのではないでしょうか。

28は第509回ロトシックスに出現し、第199回ロトセブンの直近回の2月10日のロトシックス（第837回）、ミニロト（第806回）に出現していました。27は第509回ロトシックスに、友引一致の第535回ロトシックスに、03は27と同様に第509回ロトシックスに登場し、第199回ロトセブンに直近回の2月10日のミニロトに出現していましたが、27、03共、第199回ロトセブンには未出現でした。

04は、第509回ロトシックスに登場、30は509回ミニロトに登場し、九星・六曜共に一致しない第496回ミニロトに出現するも第199回ロトセブンでは未出現でした。

外し目でもよかったかもしれません。

第509回ロトシックス・ミニロトに出現した02、08、12、18、29についてですが、これらの数字は過去のロトシックス・ミニロトの2/10には出現せず、29のみが第199回ロトセブンに出現しました。

09、17は第509回ロトシックス・ミニロトには出現しなかったものの、17は第837回のロトシックス、二黒・友引と一致した第238回のミニロトに出現し、第199回ロトセブンに出現しました。

09は友引の一致の第225回ロトシックスや第496回ミニロトに出現し、第199回ロトセブンに出現しました。

私は、前ページの内容を「ロトセブン2月10日系統図」と命名します。そして更に言及したい事があります。

第509回ロトシックス・ミニロトそして過去の2月10日抽選のロトシックス・ミニロトには存在せず、新たに「ロトセブン2月10日系統図」に加入した第199回ロトセブンに登場した数字があります。

本数字の01、20、ボーナス数字の16です。

ロトセブン○月○日系統図で未出現の数字にも重視すべきと考えられます。

2) 1月から12月までの抽選で各月の強い数字理論・未出現数字重視理論

　ロトセブンは各月の強い数字が定められています。これは回数・年度を重ねるごとに判明してゆきます。

　例えば2月を例に挙げますと、平成26年・27年・28年の2月に出現しました数字の出現回数をランキング形式で示しますと、（本数字及びボーナス数字の全ての出現数字です。）

1位	7回	01									
2位	6回	14	15								
3位	5回	09									
4位	4回	04	11	25	27	30	33				
5位	3回	02	06	10	12	13	21	22	23	24	34	35	36
6位	2回	03	05	07	08	16	18	19	20	28	29	31
7位	1回	26	32								
8位	0回	17	37								

　となりますが01が2月の最強数字という事は一目瞭然ですね。ここで平成29年2月の出現数字を示して考察してゆきたいと思います。

　第198回2月3日の出現数字　18　21　31　32　33　36　37（05）（25）は出現回数0回と1回～4回の数字であり、上位3位の後に続く数字でしたがこの時点で次回以降の、上位3位までの出現数字　01、14、15、09の出現の可能性が高まったと考えられます。各月に強い数字には出現しようとする強い威力があります。

　第199回　2月10日では　01　09　17　20　22　28　29（13）（16）
　第200回　2月17日では　13　14　17　21　27　28　34（01）（11）

　上記の当選結果になりましたが、第199回では、最強数字の01や09が、第200回2位の14が出現しました。そして更に平成26年・27年・28年の2月で未出現であった17・37が平成29年2月に初登場を果たしましたが、これまでの同月に未出現である数字にも出現しようとする強い威力があると考えられます。

　第201回では　08　11　17　24　28　31　32（12）（34）が抽選数字でしたが、平成29年2月では、平成25年～平成28年2月終了時点で15、04、30など

の上位数字で意外にも未出現であった数字もありますが、それ以外の上位数字は出現、未出現であった17・37も出現といった結果でした。

　各月の出現数字ランキングはロトセブンファンにとって最重要と申し上げても過言ではないと考えられます。

（3）次に詳細データ1で示された上段の本数字の抽選数字と＊下段のはずれ回数、更に＊L7というものがありますが、これは詳細データ2で述べさせて頂きたいと思います。

1月（平成26・27・28・29年終了迄）の
出現回数表（本数字・ボーナス数字全て含む）
1位　　7回　　14　31
2位　　6回　　08　26　28
3位　　5回　　02　04　06　07　15　23　30　32
4位　　4回　　05　12　13　18　25　27　29　35　36
5位　　3回　　01　03　11　17　20　24　33　37
6位　　2回　　10　16　19　21　34
7位　　1回　　09　22

2月（平成26・27・28・29年終了迄）の
出現回数表（本数字・ボーナス数字全て含む）
1位　　9回　　01
2位　　7回　　14
3位　　6回　　09　11　15
4位　　5回　　13　21　25　27　28　33　34
5位　　4回　　04　12　22　24　30　31　36
6位　　3回　　02　05　06　08　10　16　17　18　20　23　29　32　35
7位　　2回　　03　07　19
8位　　1回　　26　37

3月（平成26・27・28・29年終了迄）の
出現回数表（本数字・ボーナス数字全て含む）
1位　　8回　　11
2位　　7回　　07　08　24

3位	6回	27	35	36						
4位	5回	04	12	16	21	22	28			
5位	4回	01	03	05	06	13	17	20	29	31	34	37
6位	3回	09	14	15	19	23	26	32	33	
7位	2回	02	10	25	30					
8位	0回	18								

4月（平成25・26・27・28・29年終了迄）の
出現回数表（本数字・ボーナス数字全て含む）

1位	10回	22							
2位	8回	04	12	13					
3位	7回	03	28	33	36.				
4位	6回	02	05	10	19	23	24	26	34
5位	5回	07	09	11	15	16	30	32	
6位	4回	01	06	14	17	20	29	35	37
7位	3回	18	21	31					
8位	2回	08							
9位	1回	27							
10位	0回	25							

5月（平成25・26・27・28・29年終了迄）の
出現回数表（本数字・ボーナス数字全て含む）

1位	10回	06	08	23	30					
2位	9回	———								
3位	8回	07	27	36						
4位	7回	05	32	33						
5位	6回	01	03	04	15	21	24	29	31	34	35
6位	5回	02	12	17	20	22	28			
7位	4回	09	13	16	19					
8位	3回	10	14	18	37					
9位	2回	25								
10位	1回	11	26							

6月（平成25・26・27・28・29年終了迄）の
出現回数表（本数字・ボーナス数字全て含む）

1位　9回　　06　14　27
2位　8回　　15　20　28
3位　7回　　04　09　13　16　24　26　36　37
4位　6回　　29
5位　5回　　10　11　12　21　30　31　35
6位　4回　　02　07　08　32　34
7位　3回　　03　17　19　25
8位　2回　　01　23　33
9位　1回　　05　18　22

7月（平成25・26・27・28・29年終了迄）の
出現回数表（本数字・ボーナス数字全て含む）

1位　11回　　09
2位　10回　　―――
3位　9回　　28
4位　8回　　03　23　25　35　36
5位　7回　　02　05　07　20　24　34
6位　6回　　27　37
7位　5回　　01　06　08　10　11　21　26
8位　4回　　12　13　14　15　16　18　30
9位　3回　　17　19　31　32　33
10位　2回　　04　22　29
11位　1回　　―――

8月（平成25・26・27・28・29年終了迄）の
出現回数表（本数字・ボーナス数字全て含む）

1位　11回　　21
2位　10回　　―――
3位　9回　　02　29
4位　8回　　―――
5位　7回　　09　12　13　15　20　22　30
6位　6回　　01　04　17　18　23　26　27　28　31

7位　5回　　10　19
8位　4回　　05　11　25　32　33　34　35　36　37
9位　3回　　03　06　07　14　16　24
10位　2回　　08
11位　1回　　――――

9月（平成25・26・27・28・29年終了迄）の
出現回数表（本数字・ボーナス数字全て含む）
1位　10回　　15
2位　9回　　04　11
3位　8回　　10　36
4位　7回　　09　18　25　28　35
5位　6回　　01　13　16　21　23
6位　5回　　02　05　06　08　24　26　30　37
7位　4回　　03　14　17　19　22　27　29　31　32　33　34
8位　3回　　12
9位　2回　　――――
10位　1回　　07　20

10月（平成25・26・27・28・29年終了迄）の
出現回数表（本数字・ボーナス数字全て含む）
1位　10回　　07
2位　9回　　34
3位　8回　　03　10　37
4位　7回　　15　23
5位　6回　　01　14　18　20　24　25　26　27　30
6位　5回　　02　05　06　11　13　16　17　19　21　31　35　36
7位　4回　　28　29　32
8位　3回　　08　09　22
9位　2回　　04　12　33
10位　1回　　――――

11月（平成25・26・27・28・29年終了迄）の
出現回数表（本数字・ボーナス数字全て含む）
1位　9回　35
2位　8回　―――
3位　7回　04　19　21　23　24　26　29　30　31　34
4位　6回　08　14　32　33　37
5位　5回　01　03　12　16　18　20　28
6位　4回　06　09　10　13　27　36
7位　3回　07　11　15　17　22　25
8位　2回　05
9位　1回　02

12月（平成25・26・27・28・29年終了迄）の
出現回数表（本数字・ボーナス数字全て含む）
1位　9回　11　18
2位　8回　08　13　19
3位　7回　09　20　21　36
4位　6回　02　10　12　14　26　30　34
5位　5回　01　03　04　07　17　22　24　25　29　31　33　35
6位　4回　05　28　32
7位　3回　06　23　37
8位　2回　15　27
9位　1回　16

3）〈本数字合計〉・〈本数字＋ボーナス数字合計〉理論

　次に本章では、抽選回の前回（例えば、第201回抽選であれば、第200回の〈本数字の合計〉〈本数字＋ボーナス数字の合計〉）に注目した理論を展開してゆきたいと思います。

　──詳細データ1では、〈本数字のみ〉〈本数字＋ボーナス数字〉の合計値を第1回から表示させて頂いております。

　実はこちらも重要なデータなのです。ここで例を挙げます。

　第201回ロトセブン（H.29 2/24）抽選時に必要なものは、前回の抽選数字である第200回ロトセブンの本数字の合計値と本数字＋ボーナス数字の合計値であります。

第200回ロトセブン：13　14　17　21　27　28　34　（01）（11）
（平成29年2月17日）
本数字の合計154、本数字＋ボーナス数字の合計166となります。

　そして過去に本数字の合計が154であったのは、
第83回のロトセブンの抽選数字
01　11　21　26　28　32　35　（18）（22）でした。
次に第84回のロトセブンの抽選数字を示します。
⓪⑧　16　23　㉘　29　35　36　⑫　（37）

　第201回ロトセブンの抽選数字　08　11　17　24　28　31　32　（12）（34）のうち本数字2つ、ボーナス数字1つが的中しています。

　因みに28は第201回ロトセブンの次回（6年後）の2月24日金曜日（第511回抽選）と同数回の第511回ミニロトにも出現して、ロトシックス・ミニロトの過去の2月24日にも出現しています。

　次に〈本数字＋ボーナス数字の合計166〉の次回の抽選回と抽選数字を提示します。
第170回　（H.28 7/22）　　03　05　06　09　27　㉜　36　⑫　㉔
第149回　（H.28 2/26）　　01　04　15　19　22　23　㉛　⑫　㉜
第120回　（H.27 7/31）　　02　16　18　26　㉜　35　37　（09）（36）

60

第103回（H.27 4/3）　02　03　[11]　△12　22　35　36（30）（△34）

第81回　（H.26 10/24）　01　03　10　18　[28]　[31]　35（09）（21）

第76回　（H.26 9/19）　04　13　18　29　[32]　△34　36（[24]）（33）

第54回　（H.26 4/18）　01　03　05　10　18　22　23（07）（35）

第35回　（H.25 11/29）　01　16　18　19　25　30　△34（26）（36）

第201回ロトセブンに出現した数字に印をしてみましたが32が8回抽選のうち4回出現していました。

更に

〈本数字＋ボーナス数字合計166の次回の出現数字ランキング〉

（ロトセブン第170回終了時点）

1位　5回　18　36

2位　4回　01　03　[32]　35

3位　3回　09　△12　22　△34

4位　2回　02　04　05　10　16　19　23　[24]　26　30　[31]

5位　1回　06　07　[11]　13　15　21　25　27　[28]　29　33　37

6位　0回　[08]　14　[17]　20

第201回の出現数字に印をしました所、前述しました多出現の32の他未出現の08、17が出現しました。

各月の項目でも述べましたが、出現回数の多い数字も未出現の数字も出現しようとする「人間の意志力」の様なものを感じました。

「出現ランキング表を作成する者がロトセブンを制す」という様にランキング表作成をおすすめします。

次に第200回抽選時の〈本数字の合計〉〈本数字＋ボーナス数字の合計〉の状況を確認して参りましょう。

第199回ロトセブン　01　09　17　20　22　28　29（13）（16）

〈本数字合計：126〉〈本数字＋ボーナス数字合計155〉

本数字合計126の次回の抽選回と抽選数字を提示します。

第143回（H.28 1/15）　△01　03　08　[14]　[28]　29　33（04）（31）

第101回（H.27 3/20）　△11　12　[21]　23　[28]　36　37（03）（16）

第88回　（H.26 12/12）　03　04　10　[14]　25　29　30（18）（19）

第83回　（H.26 11/7）　△01　△11　[21]　26　[28]　32　35（18）（22）

第82回　（H.26 10/31）　△01　03　16　20　25　[27]　[34]（18）（37）

第22回　（H.25 8/30）　02　04　08　09　15　23　25（03）（10）

第16回　(H.25 7/19)　　05　06　09　[13]　16　[21]　23（08）([34])

今回は、7回中3回の出現を誇る01や28などが出現し、未出現であった17も出現しました。

次は〈本数字＋ボーナス数字合計155〉の次回ですが、

第59回　05　08　12　[13]　[21]　30　35　([27])　([34])

何と、第59回ロトセブンに出現した9つの数字のうち4つの数字が的中しています。

第58回の抽選数字は　01　06　07　08　23　32　33（11）（34）〈本数字の合計110、本数字とボーナス数字の合計155〉でした。

更に189回抽選時では、前回の第188回ロトセブンの抽選数字が06　15　19　25　26　30　31（14）（18）であり、〈本数字合計：152、本数字＋ボーナス数字合計184〉でした。丁度本数字合計152の回が当時点では存在せず、150番台の次回を提示します。

第187回	(H.28 11/18)	04	06	[10]	[23]	24	32	36	(15)	(31)
第159回	(H.28 5/6)	[10]	14	17	21	[23]	27	31	(16)	(24)
第142回	(H.28 1/8)	06	12	14	[18]	21	27	28	(△01)	(33)
第140回	(H.27 12/18)	[03]	11	12	13	17	26	[35]	(△01)	(33)
第128回	(H.27 9/25)	02	04	[08]	[23]	26	27	32	([03])	([35])
第123回	(H.27 8/21)	△01	[03]	05	[08]	29	34	36	([23])	(28)
第110回	(H.27 5/22)	04	12	22	30	31	[35]	36	(△19)	(37)
第84回	(H.26 11/14)	[08]	16	[23]	28	29	[35]	36	(12)	(37)
第72回	(H.26 8/22)	11	12	[18]	△19	20	31	32	(09)	(21)
第71回	(H.26 8/15)	△01	06	13	29	34	[35]	37	(02)	(15)
第53回	(H.26 4/11)	△01	04	14	16	20	33	36	(12)	(30)
第49回	(H.26 3/14)	[08]	11	12	17	24	26	27	(14)	(21)
第27回	(H.25 10/4)	△01	[10]	11	14	17	[18]	28	(25)	(26)
第5回	(H.25 5/3)	△01	[03]	04	05	16	21	28	(22)	(31)

となり、〈本数字＋ボーナス数字の合計184〉の次回は、第128回　02　04　[08]　[23]　26　27　32　([03])　([35])　でしたが、第127回は〈本数字合計153、本数字＋ボーナス数字の合計184〉〈本数字合計〉が188回と非常に近い値、〈本数字＋ボーナス数字〉が完全一致であった為にここまでの的中を果たしたのではないでしょうか。

※そして、〈本数字＋ボーナス数字合計値〉の次回ですが、ボーナス数字の出現が強い印象があります。（他回でも例があります。）

4）九星・六曜が導く重視理論

次の項目では、抽選回の前回の九星と六曜（第201回抽選であれば第200回の九紫・先負）に注目した理論を展開してゆきたいと思います。最初にこれまでの九紫・先負の回の次回の抽選回及び抽選数字を示します。

第187回	（H.28 11/18）	04	06	10	23	[24]	[32]	36	（15）	（[31]）
第125回	（H.27 9/4）	01	06	[11]	14	19	[28]	35	（18）	（21）
第116回	（H.27 7/3）	09	14	23	27	[28]	[31]	[32]	（03）	（20）
第112回	（H.27 6/5）	06	07	10	15	27	35	36	（13）	（20）
第103回	（H.27 4/3）	02	03	[11]	△12	22	35	36	（30）	（△34）
第94回	（H.27 1/30）	13	19	20	27	[28]	29	30	（26）	（36）
第59回	（H.26 5/23）	05	[08]	△12	13	21	30	35	（27）	（△34）
第50回	（H.26 3/21）	03	04	07	[08]	15	[24]	29	（[11]）	（16）
第41回	（H.25 1/17）	02	03	[08]	15	△34	35	36	（25）	（[28]）

更に出現数ランキング

1位　5回　35　36
2位　4回　03　15　27　[28]
3位　3回　06　[08]　[11]　13　20　30　△34
4位　2回　02　04　07　10　△12　14　19　21　23
[24]　29　[31]　[32]
5位　1回　01　05　09　16　18　22　25　26
6位　0回　[17]　33　37

比較的強い28番や未出現であった17が出現。

次に第200回抽選時で、前回の第199回の九星・六曜は二黒・友引ですが、ここで同様に二黒・友引の次回の抽選回と抽選数字を示します。

第111回	（H.27 5/29）	07	08	09	24	[28]	30	33	（△01）	（[34]）
第102回	（H.27 3/27）	△01	04	08	[27]	[28]	29	31	（[13]）	（25）
第58回	（H.26 5/16）	△01	06	07	08	23	32	33	（△11）	（[34]）
第49回	（H.26 3/14）	08	△11	12	[17]	24	26	[27]	（[14]）	（[21]）

現時点では4回抽選ですが、最強数字の08は外れたものの01がボーナス数字で出現しました。

更に第189回抽選時で、前回の第188回の九星・六曜は四緑・大安ですが、また四緑・大安の次回の抽選回と抽選数字を示します。

第136回	(H.27 11/20)	[10]	17	24	27	30	33	37	([18])	(31)
第127回	(H.27 9/18)	[10]	12	15	[23]	28	30	[35]	(06)	(25)
第118回	(H.27 7/17)	05	[08]	09	24	27	28	30	(16)	(20)
第110回	(H.27 5/22)	04	12	22	30	31	[35]	36	(△19)	(37)
第101回	(H.27 3/20)	11	12	21	[23]	28	36	37	([03])	(16)
第92回	(H.27 1/16)	04	05	15	25	26	29	32	(11)	(27)
第48回	(H.26 3/7)	[03]	05	24	26	29	30	34	([08])	([35])
第40回	(H.26 1/10)	02	06	11	[23]	26	31	34	([07])	(20)
第13回	(H.25 6/28)	06	[10]	16	21	27	28	[35]	(15)	(34)

四緑・大安の次回の出現回数ランキング表（第188回ロトセブン終了時点、第189回ロトセブン未実施時点）を以下に示し、第189回ロトセブン出現数字に印をします。

1位	5回	30
2位	4回	27 28 [35]
3位	3回	05 06 [10] 11 12 15 16 [23] 24 26 31 34 37
4位	2回	[03] 04 [08] 20 21 25 29 36
5位	1回	02 [07] 09 17 [18] △19 22 32 33
6位	0回	△01 13 14

比較的強い数字である35、23、10や未出現であった01がボーナス数字として出現しました。

これらの数字は出現する根拠があり出現したのですが、ロトセブンファンに欠かせないのはランキング表作成である事を言及します。

5）第7数字－第1数字重視理論

第189回ロトセブンを例に、第188回ロトセブン（第7数字－第1数字＝25）を例として述べさせて頂きたいと思います。

これまでの〈第7数字－第1数字＝25の次回〉の抽選数字を表示します。
（第188回終了、第189回未実施時点、第189回抽選数字に印を入れます。）

第163回	（H.28 6/3）	△01	02	06	16	28	30	31	([03])	([07])
第146回	（H.28 2/5）	04	[10]	25	27	28	33	34	(15)	([35])
第130回	（H.27 10/9）	△01	15	20	[23]	25	31	32	(05)	(24)
◎第128回	（H.27 9/25）	02	04	[08]	[23]	26	27	32	([03])	([35])
第119回	（H.27 7/24）	[03]	06	[08]	14	15	25	36	(24)	([35])
第81回	（H.26 10/24）	△01	[03]	[10]	[18]	28	31	[35]	(09)	(21)
第32回	（H.25 11/8）	[03]	[08]	15	[18]	27	29	37	(31)	(34)
第27回	（H.25 10/4）	△01	[10]	11	14	17	[18]	28	(25)	(26)

因みに第128回は、第127回（本数字の合計153、本数字＋ボ184）の次回でしたが、第188回は（本数字の合計152、本数字＋ボ184）と非常に近似したものでした。更に〈第7数字－第1数字＝25〉が加わり、第189回の抽選数字の内4つが第128回と共通した可能性があります。

ここで〈第7数字－第1数字＝25〉（第188回終了時点、第189回未実施時点）の次回の出現回数のランキング表を作成し、第189回に出現した数字に印を入れます。

1位	5回	[03]												
2位	4回	△01	15	25	28	31	[35]							
3位	3回	[08]	[10]	[18]	27									
4位	2回	02	04	06	14	[23]	24	26	32	34				
5位	1回	05	[07]	09	11	16	17	20	21	29	30	33	36	37
6位	0回	12	13	△19	22									

最強数字の03が出現し、比較的強い01、35そして未出現であった19もボー

ナス数字で出現しました。

　これは一例に過ぎませんが、今後前回の〈第7数字－第1数字〉抽選数字の表示、出現回数のランキング表作成は重視するべきではないでしょうか。

6）セット球が導く重視理論

6）はセット球次回理論です。第234回ロトセブンに使用されたセット球はＦセット球でしたが、Ｆセット球の次回の抽選回と抽選数字を表示します。

第234回に使用されたセット球はＦセット球でしたが、Ｆセット出現の次回の抽選回及び抽選数字を示します。直近3回分の数字の内第235回に出現した数字に〇印をします。

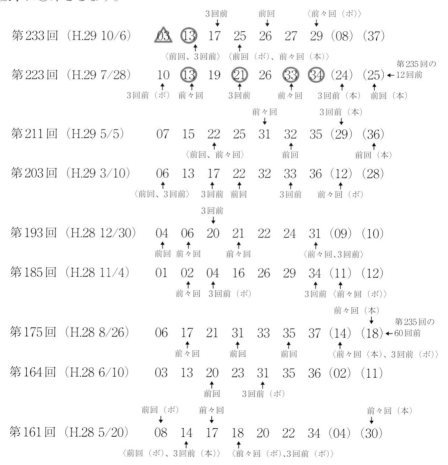

3回前　〈前々回（本）、3回前（本）〉

第147回　（H.28 2/12）　01　05　07　12　15　24　25　(08)　(14)
前々回　　　　　〈前回、3回前（ボ）〉　3回前（本）

前々回

第136回　（H.27 11/20）　10　17　24　27　30　33　37　(18)　(31)
3回前　〈前々回（ボ）〉　3回前　　〈前回（ボ）〉

〈前回、前々回〉　〈前回、3回前〉　前々回

第125回　（H.27 9/4）　01　06　11　14　19　28　35　(18)　(21)
前々回　〈前回（ボ）、3回前〉　　　　〈前回（本）、3回前（本）〉

〈前々回、3回前〉

第115回　（H.27 6/26）　06　08　13　14　20　25　27　(24)　(26)
前回　3回前　3回前　　　　〈前々回（本）〉

〈前回、3回前（ボ）〉　〈前回（本）、前々回（ボ）〉

第106回　（H.27 4/24）　06　10　12　19　21　22　30　(01)　(11)
〈前回（ボ）、3回前〉　　　前回　3回前（本）

前回（ボ）　前回

第96回　（H.27 2/13）　09　11　14　21　22　23　24　(10)　(36)
〈前回、前々回（ボ）〉　前々回（ボ）　　〈前々回（本）〉

前々回　前回

第90回　（H.26 12/26）　02　08　09　13　14　18　37　(11)　(25)
前々回（ボ）〈前回（ボ）、3回前（ボ）〉　前々回

前々回　　　〈前々回（ボ）〉

第81回　（H.26 10/24）　01　03　10　18　28　31　35　(09)　(21)
前回　　　　　　　前回　　〈3回前（ボ）〉

第71回　（H.26 8/15）　01　06　13　29　34　35　37　(02)　(15)
前回　　　3回前　3回前（本）　前回（本）

3回前

第62回　（H.26 6/13）　04　10　12　15　27　32　33　(09)　(16)
3回前　　　前回　〈前回、3回前（ボ）〉

前回　　　　　　　　前々回（ボ）

第49回　（H.26 3/14）　08　11　12　17　24　26　27　(14)　(21)
〈前々回（ボ）、3回前〉　　前々回　前回

69

			前回↓		前回↓					
第40回	(H.26 1/10)	02	06	11	23	26	31	34	(07)	(20)
		↑前々回(ボ)		↑3回前		↑3回前			↑前回(本)	
第34回	(H.25 11/22)	04	06	07	23	24	32	35	(08)	(27) ←前々回(本)
		↑前回				↑前々回(ボ)	↑前々回(ボ)		↑前回(本)	
第24回	(H.25 9/13)	04	05	08	10	16	19	33	(02)	(29)
							↑前回	↑前回		
第12回	(H.25 6/21)	11	12	14	19	26	27	33	(24)	(32)

〈セット球Fの次回の出現ランキング〉

1位	9回	06	11	14	24			
2位	8回	08	10	21				
3位	7回	12	13	26	27	31	33	35
4位	6回	01	02	04	17	18	22	25
5位	5回	09	19	20	29	32	34	37
6位	4回	07	15	23	36			
7位	3回	03	16	28	30			
8位	2回	05						

7）直前回のロトシックス・ミニロトのボーナス数字重視理論

次は第235回ロトセブンを題材として、これまでのおさらいを含めて、直前のロトシックス・ミニロトのボーナス数字が導く理論を展開します。

第235回ロトシックス　06　21　23　24　28　39（38）
（六白・先負）
第235回ミニロト　05　06　16　17　31（08）
（八白・仏滅）
直前ロトシックス(1219回)　14　22　24　36　39　42（32）
直前ミニロト（945回）　14　17　21　25　31（15）

過去のロトシックス（10/20）

第261回（H.17 10/20）　06　17　18　21　35　41（32）
（二黒・友引）
第600回（H.23 10/20）　03　20　23　24　28　35（26）
（四緑・友引）
第909回（H.26 10/20）　12　15　21　27　30　35（28）
（六白・大安）
第1116回（H.28 10/20）　01　11　33　34　35　38（29）
（四緑・仏滅）

過去のミニロト（10/20）

第532回（H.21 10/20）　05　10　21　27　28（18）
（五黄・大安）
第842回（H.27 10/20）　09　18　20　24　25（04）
（一白・仏滅）

次回（6年後）の10月20日金曜日—第545回ロトセブン
第545回　ロトシックス—16　21　24　28　32　36（35）
第545回　ミニロト———01　15　23　28　29（02）

過去のロトシックス・ミニロトの10月20日では、八白・先負・八白先負は現在（平成29年10月20時点）では存在していませんが、10/20の出現ランキングを以下に示します。

1位　4回　35

2位	3回	[18]	[21]	28								
3位	2回	20	24	27								
4位	1回	01	△03	04	05	06	[09]	10	△11	12	15	
		17	23	25	26	29	30	32	[33]	[34]		
5位	0回	[02]	07	08	[13]	14	16	19	22	31	36	37

比較的強い18、21が出現しました。(詳細データ2、3の内容を含む、解説ですが21に関しては、第235回ロトシックス（先負）や直前ミニロト、次回（6年後）の10月20日金曜日（第545回）と同数回のロトシックスにも出現しており、更に集団分析上で[19－21]が6回外れており、はずれ回数連続出現理論上に該当するはずれ回数6に位置し、20番台が全体のパーセンテージを近10回が上回り、末尾分析上1が6回外れていたなど軸数字として有力候補であったと考えられます。

未出現であった02、13が出現。

33は直近回ロトシックスに1回出現でしたが、[31－33]が集団分析上5回外れており、更に、はずれ回数連続出現理論上のはずれ回数5に位置しており、有力候補であったと考えられます。

8) ロトセブンの抽選日の前日のロトシックス（木曜日）の抽選数字重視理論

ロトセブンの抽選日の前日に行われるロトシックス、3日前に行われるミニロトには1つづつ「ボーナス数字」が存在します。ここで過去に出現（ロトセブン開始以降）に出現した同一のボーナス数字（第235回抽選時では、ロトシックス「32」、ミニロト「15」）が出現した抽選回に着眼した理論を、展開します。

ロトシックス（木）でボーナス数字「32」が出現した抽選回（ロトセブン開始以降）

第801回	（H.25 10/3）	02	18	19	20	25	31	（32）
第908回	（H.26 10/16）	06	14	21	22	23	30	（32）
第939回	（H.27 2/5）	08	11	15	17	26	43	（32）
第1102回	（H.28 9/1）	03	06	09	13	36	37	（32）
第1189回	（H.29 7/6）	08	24	28	30	38	41	（32）

↓

ロトシックスボーナス数字（32）が出現した翌日のロトセブン（第235回の抽選数字に○印をします。）

第27回	（H.25 10/4）	01	10	△11	14	17	[18]	28	（25）	（26）
第80回	（H.26 10/17）	[02]	05	10	[18]	[21]	24	27	（25）	（[34]）
第95回	（H.27 2/6）	01	08	[13]	14	[18]	30	[34]	（26）	（36）
第176回	（H.28 9/2）	01	△11	12	17	22	30	35	（15）	（16）
第220回	（H.29 7/7）	07	[09]	△11	[18]	25	28	35	（20）	（27）

ロトシックス（木曜日）にボーナス数字「32」が出現した翌日のロトセブンの出現数字のランキング表を次に示します。（第235回の出現数字に○印をします。）

最強数字の18が出現。（因みに18は、ロトセブン・ミニロトの10月20日の出現ランキングでも強い数字であり、ゲイル理論のはずれ回数3（第226回～第234回の9回分未出現）にも該当するなど、軸数字としても有力候補であったと考えられます。）

そして、第220回→第235回で09、（11）、18が連続出現しています。直近回からの連続出現が強いと考えられます。第235回のロトセブンの3日前の火曜日のミニロトのボーナス数字は15でしたが、同様に次項で考察

を深めて参りたいと思います。

〈ロトシックス（木曜日）でボーナス数字「32」が出現した翌日のロトセブンに出現した数字の出現ランキング〉

1位	4回	18									
2位	3回	01	11	25							
3位	2回	10	14	17	26	27	28	30	34	35	
4位	1回	02	05	07	08	09	12	13	15	16	20
		21	22	24	36						
5位	0回	03	04	06	19	23	29	31	32	33	37

第235回の3日前の火曜日に行われました第945回ミニロトの抽選数字は14　17　21　25　31（15）でしたが、過去（ロトセブン開始後）にボーナス数字の15が出現した回の抽選数字と3日後のロトセブンの抽選数字を示します。（第235回ロトセブンの抽選数字に○印をします。）

第720回	（H.25 6/11）	05	11	17	19	20	（15）
第745回	（H.25 12/3）	03	10	13	14	22	（15）
第775回	（H.26 7/8）	05	06	14	24	31	（15）
第788回	（H.26 10/7）	01	21	28	29	30	（15）
第830回	（H.27 7/28）	05	06	20	23	29	（15）
第847回	（H.27 11/24）	07	18	19	21	31	（15）
第876回	（H.28 6/14）	18	19	20	21	27	（15）
第881回	（H.28 7/19）	10	11	17	29	30	（15）
第924回	（H.29 5/23）	02	07	08	14	23	（15）

↓

第11回	（H.25 6/14）	09	15	26	29	32	34	36	（14）	（35）
第36回	（H.25 12/6）	05	06	10	11	20	28	36	（25）	（37）
第66回	（H.26 7/11）	01	11	25	28	31	33	37	（03）	（20）
第79回	（H.26 10/10）	02	04	07	09	21	29	37	（06）	（36）
第120回	（H.27 7/31）	02	16	18	26	32	35	37	（09）	（36）
第137回	（H.27 11/27）	13	19	21	25	27	32	35	（16）	（20）
第165回	（H.28 6/17）	09	11	14	15	16	18	27	（06）	（20）
第170回	（H.28 7/22）	03	05	06	09	27	32	36	（12）	（24）

第214回（H.29 5/26）　　02　06　09　12　31　36　37　03　（22）

　　ボーナス数字の持つ意味の大きさを、前日の木曜日のロトシックスの
ボーナス数字32と同様にうかがえます。「09」は他の攻略上でも軸数字の
根拠のある数字でした。第235回ロトセブン終了時点では、「3日前のミニ
ロトでボーナス数字15が出現した回のロトセブン」で10回中7回出現し
た最強数字と言えます。
　　そして第214回→第235回では、02　09（03）が連続出現します。
　（第170回→214回でも　03、06、09、36、12が連続出現しています。）
「直近回の数字が連続する」のもロトセブン上の必須事項であると考えら
れます。

〈火曜日にボーナス数字15が出現したミニロトの3日後の金曜日のロトセブン
に出現した数字ランキング〉
（第214回ロトセブン終了時点→第235回に出現した数字に○印。

1位　　6回　　09　36
2位　　5回　　06　37
3位　　4回　　20　32
4位　　3回　　02　03　11　16　25　27　35
5位　　2回　　05　12　14　15　18　21　26　28　29　31
6位　　1回　　01　04　07　10　13　19　22　24　33　34
7位　　0回　　08　17　23　30

　　第235回の前回の第234回の抽選数字は、

07　　　　14　　　　15　　　　16　　　　23　　　　25
（第1数字）（第2数字）（第3数字）（第4数字）（第5数字）（第6数字）

30　　　（05）　　　（34）
（第7数字）（第1ボーナス数字）（第2ボーナス数字）

となりますが、数字の定位置に重要な意義があります。

　　第234回の前回の第1数字7の抽選回は第220回（H.29 7/7）となります。第
220回の次回の第221回の抽選数字は、01　02　09　11　17　30　35　13　（36）
となります。この内　02　09（11）13が第235回に出現しています。

同様に、第2数字以降を示します。

第234回の前回の第2数字14の抽選回の次回、第217回　04　06　26　27　28　35　36（24）（34）

第234回の前回の第3数字15の抽選回の次回、第214回　02　06　09　12　31　36　37（03）（22）

第234回の前回の第4数字16の抽選回の次回第203回　06　13　17　22　32　33　36（12）（28）

第234回の前回の第5数字23の抽選回の次回第223回　10　13　19　21　26　33　34（24）（25）

第234回の前回の第6数字25の抽選回の次回第231回　04　15　18　24　25　34　36　（10）（28）

第234回の前回の第7数字30の抽選回の次回第219回　06　09　13　14　21　25　31（02）（04）

第234回の前回のボーナス数字第1数字05の次回の抽選回は、

第199回　01　09　17　20　22　28　29（13）（16）

第234回の前回のボーナス数字第2数字34の次回の抽選回は、第219回で、第7数字30の次回と同じでした。（条件が合致した為か、4つの数字が抽選）

〈ランキング表〉

1位　5回　13　36

2位　4回　06　09　28

3位　3回　02　04　17　22　24　25　34

4位　2回　01　10　12　21　26　31　33　35

5位　1回　03　11　14　15　16　18　19　20　27　29　30　32　37

6位　0回　05　07　08　23

〈第1数字に07が出現した次回の出現ランキング〉

1位　7回　13

2位　6回　10　20

3位　5回　02　03　04　07　11　15　19　23　24　29　34　35

4位　4回　01　06　12　14　21　30　31

5位　3回　17　26　27　28　33

6位　2回　08　09　16　32　36

7位	1回	22 25 37
8位	0回	05 ○18

〈第2数字に14が出現した次回の出現ランキング〉

1位	6回	23
2位	4回	○02 24 26 28 ○34
3位	3回	01 04 06 08 10 △11 12 31 32 36
4位	2回	07 ○13 20 27 37
5位	1回	05 ○09 14 15 16 17 ○18 19 ○21 22
		25 29 30 ○33 35
6位	0回	△03

〈第3数字に15が出現した次回の出現ランキング〉

1位	5回	○02 06 24
2位	4回	14
3位	3回	01 △03 04 △11 12 23 28 30 31 32 ○34 35 36
4位	2回	07 08 ○13 16 17 ○18 19 20 ○21 27 29 ○33 37
5位	1回	05 ○09 10 15 22 26
6位	0回	25

〈第4数字に16が出現した次回の出現ランキング〉

1位	6回	△03 12 23
2位	5回	△11 ○13 ○21 28 35
3位	4回	16 19 31 ○33 36
4位	3回	01 ○02 05 06 07 10 15 ○18 22 27 30 32
5位	2回	04 14 17 25 26 ○34 37
6位	1回	08 ○09 20 24
7位	0回	29

〈第5数字に23が出現した次回の出現ランキング〉

1位	7回	08 ○13 ○33 37
2位	6回	○21 31 ○34
3位	5回	20 24 26 27
4位	4回	01 ○02 05 06 07 ○09 △11 12

15　23　29　30　32　35　36
5位　3回　03　04　10　14　16　25　28
6位　2回　17　18　19
7位　0回　22

〈第6数字に25が出現した次回の出現ランキング〉

1位　5回　27
2位　4回　09　13　15　23　24　28　35
3位　3回　07　11　18　25　32　34
4位　2回　02　04　05　08　10　16　19　20　26　36
5位　1回　03　06　12　14　17　21　22　29　31　37
6位　0回　01　30　33

〈第7数字に30が出現した次回の出現ランキング〉

1位　8回　14
2位　7回　06　09　15　20　29　36
3位　6回　08　31　34
4位　5回　02　13　26
5位　4回　03　04　05　10　23　24　25　28　32　35
6位　3回　01　11　12　17　20　33
7位　2回　07　18　19　21　27
8位　1回　16　37
9位　0回　22

〈ボーナス数字第1数字に05が出現した次回ランキング〉

1位　6回　23　28
2位　5回　01　14
3位　4回　13　29
4位　3回　03　04　05　08　10　12　16　17　21　24　27　31　36
5位　2回　11　15　20　22　34　37
6位　1回　02　06　07　09　19　25　30　32　33
7位　0回　18　26　35

〈ボーナス数字第2数字に34が出現した次回のランキング〉

1位　8回　07
2位　7回　15　34
3位　6回　03　09　36
4位　5回　13　21　30　37
5位　4回　01　04　05　10　11　16　19　24　29　33
6位　3回　02　06　08　12　20　22　23　26　27　28　31　35
7位　2回　17　25　32
8位　1回　14　18

次は、ロトセブン（金曜日）の前日に行われている木曜日のロトシックスで本数字の1～43の各々の数字が出現した際に翌日のロトセブン（本数字）にどの数字が出現しているかのランキングを示します。

非常に重要なデータです。（全て本数字が対象となります。）

ロトシックス（木曜日）で本数字1が出現した翌日のロトセブンに出現した本数字の出現回数（第237回ロトセブン終了時点）

11回　06　21　36
10回　26　32
9回　35
8回　13　15　34　37
7回　07　09　11　18　23　28　30　31
6回　01　04　08　10　24　27　33
5回　02　20
4回　03　05　14　17　19　22　25
3回　12　29
2回　16

ロトシックス（木曜日）で本数字2が出現した翌日のロトセブンに出現した本数字の出現回数（第237回ロトセブン終了時点）

14回　28
13回　――――
12回　――――

11回	09					
10回	01	02	06	07	24	
9回	23	30	35			
8回	03	08	11	27		
7回	04	26	29	32	34	36
6回	14	17	18	21	31	33
5回	05	10	15	37		
4回	13	19	22			
3回	16	20				
2回	12					
1回	———					
0回	25					

ロトシックス（木曜日）で本数字3が出現した翌日のロトセブンに出現した数字の出現回数（第237回ロトセブン終了時点）

12回	30								
11回	09								
10回	17	36							
9回	07	22	35						
8回	04	14	15	20	24	27	31		
7回	01	02	03	06	08	12	13	23	25
6回	05	10	21	34					
5回	11	18	32	37					
4回	19	28							
3回	26	29	33						
2回	16								

ロトシックス（木曜日）で本数字4が出現した翌日のロトセブンに出現した数字の出現回数（第237回ロトセブン終了時点）

10回	31					
9回	04	06	09	21	28	36
8回	15	16	26	27	30	

7回	05	07	13	18	23	24	33	34
6回	08	10	20	32	35	37		
5回	02	03	11					
4回	01	19	25	29				
3回	12	14	22					
2回	17							
1回	———							

ロトシックス（木曜日）で本数字5が出現した翌日のロトセブンに出現した本数字の出現回数（第237回ロトセブン終了時点）

11回	02								
10回	———								
9回	15	24	26	34					
8回	05	12	16	35	36				
7回	11	21	22	25	30				
6回	03	06	13	17	19	20	23	27	29
5回	01	04	09	18	32				
4回	07	08	10	14	28	31	37		
3回	———								
2回	33								
1回	———								

ロトシックス（木曜日）で本数字6が出現した翌日のロトセブンに出現した本数字の出現回数（第237回ロトセブン終了時点）

13回	24							
12回	13							
11回	36							
10回	15							
9回	03	07	22	27	29	30	35	
8回	02	06	08	09	21			
7回	04	23	28	31				
6回	05	10	16	18	19	26	34	37

| 5回 | 01 | 11 | 12 | 14 | 17 |
| 4回 | 20 | 25 | 32 | 33 | |

ロトシックス（木曜日）で本数字7が出現した翌日のロトセブンに出現した本数字の出現回数（第237回ロトセブン終了時点）

8回	10							
7回	07	29						
6回	03	20	24	36				
5回	04	12	18	21	28			
4回	01	02	05	06	08	09	13	15
	19	22	23	27	30	31	34	35
3回	16	17	32	37				
2回	14	26						
1回	11	25	33					

ロトシックス（木曜日）で本数字8が出現した翌日のロトセブンに出現した本数字の出現回数（第237回ロトセブン終了時点）

8回	28						
7回	01	11	14	18	34	36	
6回	07						
5回	08	09	21	24	27	29	30
4回	02	04	06	13	20	31	32
3回	03	05	15	19	23	25	33
2回	10	12	17	22	26	35	
1回	16	37					

ロトシックス（木曜日）で本数字9が出現した翌日のロトセブンに出現した本数字の出現回数（第237回ロトセブン終了時点）

11回	21	27
10回	17	
9回	12	31

8回	07	13	35			
7回	08	14	20	23	29	30
6回	04	10	15	22	24	25	26
5回	02	03	19	36		
4回	01	11	32			
3回	06	09	16	37		
2回	18	33	34			
1回	05	28				

ロトシックス（木曜日）で本数字10が出現した翌日のロトセブンに出現した本数字の出現回数（第237回ロトセブン終了時点）

13回	13						
12回	───						
11回	28						
10回	26	29					
9回	05	06	21	22	23		
8回	02	07	09	16	27	36	
7回	04	08	10	11	17	25	33	35
6回	01	03	15	18	20	30	32	34
5回	12	24	37				
4回	19	31					
3回	───						
2回	14						
1回	───						

ロトシックス（木曜日）で本数字11が出現した翌日のロトセブンに出現した本数字の出現回数（第237回ロトセブン終了時点）

14回	28		
13回	───		
12回	01		
11回	───		
10回	06	21	36

9回	02	04	10	23	37		
8回	03	11	15	20	30	33	34
7回	05	07	08	17	27		
6回	09	18	22	24	35		
5回	12	14	19	29			
4回	13	16	25	26	31	32	

ロトシックス（木曜日）で本数字12が出現した翌日のロトセブンに出現した本数字の出現回数（第237回ロトセブン終了時点）

11回	13							
10回	04	27	36					
9回	07	21	29					
8回	——							
7回	01	06	14	28	33			
6回	02	08	09	10	25	30	35	
5回	03	11	19	20	24			
4回	15	16	17	22	26	31	34	37
3回	05	12	18	23	32			

ロトシックス（木曜日）で本数字13が出現した翌日のロトセブンに出現した本数字の出現回数（第237回ロトセブン終了時点）

12回	04								
11回	29								
10回	35								
9回	09	28							
8回	17								
7回	13	16	30						
6回	01	07	10	15	21	23			
5回	02	03	06	11	12	20	25	31	34	37
4回	05	08	18	22	26				
3回	19	24	32	33					
2回	14	27	36						

ロトシックス（木曜日）で本数字14が出現した翌日のロトセブンに出現した本数字の出現回数（第237回ロトセブン終了時点）

13回　14

12回　―――

11回　28

10回　―――

9回　07　12　13　23　27　36

8回　04　16　17　21　24　30　34

7回　03　15　25　32

6回　05　11　20　31　35

5回　01　02　06　08

4回　09　18　22　29　33　37

3回　10　19　26

2回　―――

1回　―――

　ロトシックス（木曜日）で本数字15が出現した翌日のロトセブンに出現した本数字の出現回数（第237回ロトセブン終了時点）

11回　14

10回　―――

9回　11　13　36

8回　03　07　08　10　35　37

7回　09　19　24　25　27　28

6回　15　17　18　23　26　29　34

5回　06　16　21　22　30

4回　05　12　31　32

3回　02　04　33

2回　01　20

1回　―――

　ロトシックス（木曜日）で本数字16が出現した翌日のロトセブンに出現し

85

た本数字の出現回数（第237回ロトセブン終了時点）

9回	23　28	
8回	09　20　24　25　36	
7回	01　07　16	
6回	04　06　10　14　26　27　33　35　37	
5回	12　13　15　17　19　22　29　30　34	
4回	02　05　11　18　21　31	
3回	03　32	
2回	08	
1回	———	

　ロトシックス（木曜日）で本数字17が出現した翌日のロトセブンに出現した本数字の出現回数（第237回ロトセブン終了時点）

11回	30
10回	———
9回	09　21　34
8回	01　04　08　19
7回	10　13　14　15　20　24　27　28　33　36
6回	02　03　05　22　26　32　35
5回	18　23　29　37
4回	06　07　11　25　31
3回	12　16　17

　ロトシックス（木曜日）で本数字18が出現した翌日のロトセブンに出現した本数字の出現回数（第237回ロトセブン終了時点）

10回	16
9回	21
8回	15
7回	04　06　26　27
6回	01　14　17　20　30　33　34　36
5回	03　09　10　11　13　28

4回	02	18	25	29	31	32
3回	05	08	12	19	22	
2回	07	23	24	35	37	
1回	———					

ロトシックス（木曜日）で本数字19が出現した翌日のロトセブンに出現した本数字の出現回数（第237回ロトセブン終了時点）

14回	28						
13回	———						
12回	16						
11回	10	31					
10回	11	36					
9回	06	08	09	12	23	27	32
8回	01	04	07	15	20	30	
7回	33	35					
6回	02	05	14	17	18	19	21	24
5回	03	13	22	25			
4回	26	34					
3回	37						
2回	29						
1回	———						

ロトシックス（木曜日）で本数字20が出現した翌日のロトセブンに出現した本数字の出現回数（第237回ロトセブン終了時点）

10回	03						
9回	13	20	21	30			
8回	14	36					
7回	02	07	18	22	23	27	31
6回	05	08	16	17	26	34	
5回	01	04	06	09	25	29	32	33
4回	10	11	12	15	28		
3回	19	35	37				

2回　　——

1回　　24

ロトシックス（木曜日）で本数字21が出現した翌日のロトセブンに出現した本数字の出現回数（第237回ロトセブン終了時点）

15回　30

14回　28

13回　　——

12回　　——

11回　08　13

10回　02　05　21　24　27　32

9回　18　29　31

8回　10　23　35　36

7回　04　06　07　14　16　19　25　37

6回　01　12　26

5回　03　09　15　17　20　22　33　34

4回　　——

3回　11

ロトシックス（木曜日）で本数字22が出現した翌日のロトセブンに出現した本数字の出現回数（第237回ロトセブン終了時点）

13回　36

12回　09

11回　24　28　30

10回　02　04　21

9回　32

8回　06　12　13　22　23　31

7回　07　08　26　34

6回　03　15　17　27　33　35　37

5回　05　10　14

4回　11　16　18　19

3回　29

88

2回	20	
1回	01	25

ロトシックス（木曜日）で本数字23が出現した翌日のロトセブンに出現した本数字の出現回数（第237回ロトセブン終了時点）

13回	17						
12回	───						
11回	28						
10回	───						
9回	13	36					
8回	21	22	31	35	37		
7回	10	11	12	24			
6回	02	04	06	32	34		
5回	03	05	08	09	14	18	23	27
4回	07	19	33				
3回	20	25	29	30			
2回	15	26					
1回	01	16					

ロトシックス（木曜日）で本数字24が出現した翌日のロトセブンに出現した本数字の出現回数（第237回ロトセブン終了時点）

13回	04							
12回	02	15						
11回	───							
10回	06	25						
9回	05	21	23	27	32			
8回	08	10	18	31	33			
7回	03	07	13	14	16	28	30	36
6回	09	22	24	34				
5回	01	19	26	29	35			
4回	11	12	20	37				
3回	17							

ロトシックス（木曜日）で本数字25が出現した翌日のロトセブンに出現した本数字の出現回数（第237回ロトセブン終了時点）

15回	36						
14回	――						
13回	04	28					
12回	24	35					
11回	06						
10回	11						
9回	13	15	23	31	34		
8回	02	14	19	22	32		
7回	01	07	18	21	25	27	
6回	08	09	10	12	17	26	29	30
5回	20	33	37				
4回	05	16					
3回	03						
2回	――						
1回	――						

ロトシックス（木曜日）で本数字26が出現した翌日のロトセブンに出現した本数字の出現回数（第237回ロトセブン終了時点）

13回	15					
12回	30					
11回	11					
10回	28					
9回	24					
8回	17	21	25			
7回	01	07	09	32	34	36
6回	02	03	04	23	26	35
5回	08	12	13	14	37	
4回	16	18	22	31		
3回	05	06	10	20	29	

2回 　19　27
1回
0回 　33

ロトシックス（木曜日）で本数字27が出現した翌日のロトセブンに出現した本数字の出現回数（第237回ロトセブン終了時点）

9回 　08　13　28　30
8回 　02　03　06　15　16　23　24　27　29
7回 　01　05　09　17　22　26　32
6回 　04　21　36
5回 　34
4回 　07　12　14　19　20　31　35　37
3回 　11　18
2回 　10　25　33
1回 　——

ロトシックス（木曜日）で本数字28が出現した翌日のロトセブンに出現した本数字の出現回数（第237回ロトセブン終了時点）

11回 　36
10回 　——
9回 　——
8回 　07　21　33　34
7回 　04　19　20　24
6回 　01　05　11　17　18　26　30
5回 　03　06　08　10　12　15　23　27　31　32　35
4回 　02　13　29
3回 　09　16　22
2回 　25　28　37
1回 　14

ロトシックス（木曜日）で本数字29が出現した翌日のロトセブンに出現した数字の出現回数（第237回ロトセブン終了時点）

10回	09
9回	24
8回	04 30 37
7回	07 08 17 28 35
6回	02 12 13 14 21 22
5回	03 06 15 19 23 36
4回	10 16 26 33
3回	01 05 11 25 27 29 31 32
2回	20 34
1回	18

ロトシックス（木曜日）で本数字30が出現した翌日のロトセブンに出現した本数字の出現回数（第237回ロトセブン終了時点）

9回	04 07 28 35
8回	──
7回	06 11 19 21
6回	01 02 03 10 20 23 27 30 37
5回	05 08 09 12 14 15 17 24 29 34 36
4回	18 22 25 26
3回	16 31 32 33
2回	──
1回	13

ロトシックス（木曜日）で本数字31が出現した翌日のロトセブンに出現した本数字の出現回数（第237回ロトセブン終了時点）

12回	14 31
11回	──
10回	27
9回	03 06 09 15 28

8回	13	19	23	29	32	33
7回	12	16	18	34	37	
6回	08	17	26	35	36	
5回	01	10	11	30		
4回	02	04	07	20	21	22	24	25
3回	————					
2回	05					
1回	————					

ロトシックス（木曜日）で本数字32が出現した翌日のロトセブンに出現した本数字の出現回数（第237回ロトセブン終了時点）

13回	09	28				
12回	01	27	30			
11回	33					
10回	14	16	17	23	25	31
9回	10	18	21	36		
8回	03	06	12	20	26	34	37
7回	11	13	15	22	24	35
6回	02	04	05	08	19	
5回	32					
4回	07					
3回	————					
2回	29					
1回	————					

ロトシックス（木曜日）で33が出現した翌日のロトセブンに出現した本数字の出現回数（第237回ロトセブン終了時点）

12回	23							
11回	————							
10回	————							
9回	15	20	21	28				
8回	02	08	10	12	19	24	26	31	35

7回	04	14	27	36			
6回	01	06	13	17	32	33	37
5回	05	09	11	18	30		
4回	07	25	34				
3回	03	16	22				
2回	29						
1回	———						

ロトシックス（木曜日）で34が出現した翌日のロトセブンに出現した本数字の出現回数（第237回ロトセブン終了時点）

13回	15						
12回	23						
11回	———						
10回	———						
9回	10						
8回	01	05	06	07	25		
7回	19	22	30	37			
6回	12	14	26	28	31		
5回	13	16	20	21	27	33	35
4回	02	08	17	18	24		
3回	03	04	09	11	29	32	34
2回	36						
1回	———						

ロトシックス（木曜日）で本数字35が出現した翌日のロトセブンに出現した数字の出現回数（第237回ロトセブン終了時点）

9回	03	10	21				
8回	04	26	31	34			
7回	13	29	36				
6回	15	17	20	27	28	32	
5回	08	14	23	24	37		
4回	01	06	16	18	30	33	35

3回	02	07	11	19
2回	05	09	12	
1回	22	25		

　ロトシックス（木曜日）で本数字36が出現した翌日のロトセブンに出現した数字の出現回数（第237回ロトセブン終了時点）

11回	07	11	35			
10回	06	15	36			
9回	09	20	21	25		
8回	01	02	19	22	37	
7回	16	18	23	28	32	33	34
6回	03	04	13	14	17	26
5回	10	30	31			
4回	08	12	27	29		
3回	05					
2回	———					
1回	24					

　ロトシックス（木曜日）で本数字37が出現した翌日のロトセブンに出現した本数字の出現回数（第237回ロトセブン終了時点）

11回	09						
10回	02						
9回	04						
8回	03	19	35				
7回	11	13	24	30	36		
6回	12	15	22	23	28	34	
5回	01	10	33				
4回	07	08	14	17	18	21	26
3回	05	06	16	25	27	29	32	37
2回	20	31					
1回	———						

ロトシックス（木曜日）で本数字38が出現した翌日のロトセブンに出現した本数字の出現回数（第237回ロトセブン終了時点）

16回　09

15回　──────

14回　──────

13回　──────

12回　20　28

11回　04　15　24　34

10回　05　08　14　23　27　30　36

9回　01　03　10　26　29　33

8回　07　16　18　19　31　35

7回　02　11　12　22

6回　13　21　25

5回　06

4回　──────

3回　32　37

2回　17

ロトシックス（木曜日）に本数字39が出現した翌日のロトセブンに出現した本数字の出現回数（第237回ロトセブン終了時点）

12回　16　21　29

11回　02　07

10回　09　11　13　28

9回　01　04　10　23　36

8回　12　20　24　30　34　35　37

7回　05　08　17　22　26

6回　18　33

5回　03　06　14　25　31

4回　15　19　27　32

3回　──────

2回　──────

1回　──────

ロトシックス（木曜日）に本数字40が出現した翌日のロトセブンに出現した本数字の出現回数（第237回ロトセブン終了時点）

11回	32						
10回	————						
9回	07	13	22	27	36		
8回	01	03	23	35			
7回	04	06	08	15	20	30	34	37
6回	05	10	18	21	24	26	28
5回	09	11	12	19	25	29	31
4回	02	17	33				
3回	14						
2回	16						
1回	————						

ロトシックス（木曜日）に本数字41が出現した翌日のロトセブンに出現した本数字の出現回数（第237回ロトセブン終了時点）

7回	04	07	23	30		
6回	15	27	35			
5回	05	06	28	32	36	
4回	14	19	20	24	31	
3回	03	09	10	13	16	25
2回	08	11	18	26	29	37
1回	01	12	22	33	34	
0回	02	17	21			

ロトシックス（木曜日）で本数字42が出現した翌日のロトセブンに出現した本数字の出現回数（第237回ロトセブン終了時点）

10回	21		
9回	13		
8回	03	04	36

97

7回	06	10	22
6回	02	07	09	23、24	26	27	29	30	31	34
5回	08	16	19	28	33
4回	11	12	14	15	18	25	37
3回	17	32
2回	01	20	35
1回	05

　ロトシックス（木曜日）で本数字43が出現した翌日のロトセブンに出現した本数字の出現回数（第237回ロトセブン終了時点）

13回	02
12回	36
11回	30	34
10回	13	14	16	20	21	28
9回	09	11	19
8回	01	03	04	08	15	17	22
7回	06	12	27	31	32
6回	05	07	18	23	35
5回	10	24	29	33
4回	25	26	37
3回	——
2回	——
1回	——

第2章

―私のオリジナルロトセブン
詳細データ2からの考察

①私のオリジナルロト7詳細データ2

[1]　第235回　ロトセブン（以下に第234回抽選数字とスライド数字を示します）
第235回の抽選数字02　09　13　18　21　33　34（03）（11）に印をします。）

07　14　15　16　23　25　30　(05)　(34)

06 08 13　17 22 24　26 29 31 04 06 33 35

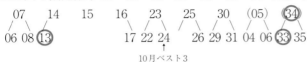

↑
10月ベスト3

[2]　ミラクルシート

07→24 − 7 = 17
14→24 − 14 = 10
15→24 − 15 = 9
16→24 − 16 = 8
23→24 − 23 = 1
25→25 − 24 = 1
30→30 − 24 = 6

→

10　20　30
01　11　21　31
06　16　26　36
07　17　27　37
08　18　28
09　19　29

[3]

五黄殺2→02
ラッキー9・5→09

02　12　22　32
09　19　29
05　15　25　35

[4]

抽選日 / はずれ回数	230	231	232	233	234	合計
0	1	2	2		1	6
1		1		1	2	4
2	1	1	3	2		7
3						0
4	1		1		1	3
5		1		1	1	3
6		2		1	1	4
7	1			1		2
8				1		1
9	1					1
10			1			1
11						0
12						0
13						0
14						0
15					1	1
16	1					1
28	1					1

④" 第234回終了時（第235回対策時）―ゲイル理論
はずれ回数

ホット
```
0   07  14  15  16  23  25  30 ←6回出現
1   03  13  17  26  27  29 ←4回出現
2   02  04  09  35  37 ←7回出現
3   18  24  34  36 ←0回（9回はずれ）→
4   05  08  22 ←3回出現
5   33 ←3回出現
6   06  11  21  28  31 →4回出現
7   ―
8   12  32  ←1回出現
9   20 ←1回出現
```

第226回 ～ 第234回 までの9回分、はずれ回数3は未出現でしたが、出現回数が多いものも重要ですが、はずれが多いものも重要

コールド
```
10  10 ←1回出現
11  19 ←0回出現
12  ―――
13  01 ←0回出現
14  ―
15  ―
```

⑤'

末尾分析

```
0  × × × ×→4
1  × × × × ×→5（6回はずれ）
2  × × × × × × ×→7（2回はずれ）
3  × × × × × × × × ×→9
4  × × × × × × × ×→8
5  × × × × × × × × × × ×→11
6  × × × × × × × ×→8
7  × × × × × × × × × ×→10
8  × × × ×→4（3回はずれ）
9  × × × ×→4（1回はずれ）
```

5"

第225回 (8/11)　　13　15　17　18　20　21　26　(25)　(29)
第226回 (8/18)　　12　17　21　24　26　30　32　(10)　(22)
第227回 (8/25)　　02　03　07　09　22　23　26　(29)　(30)
第228回 (9/1)　　 06　11　14　21　24　28　31　(22)　(36)
第229回 (9/8)　　 02　03　09　30　33　36　37　(01)　(32)
第230回 (9/15)　　03　05　08　15　22　25　27　(18)　(31)
第231回 (9/22)　　04　15　18　24　25　34　36　(10)　(28)
第232回 (9/29)　　02　04　07　09　15　35　37　(10)　(23)
第233回 (10/6)　　03　13　17　25　26　27　29　(08)　(37)
第234回 (10/13)　　07　14　15　16　23　25　30　(05)　(34)

5'" ロト7出現回数（本数字）―第234回終了時点

01 － 43回	11 － 42回	21 － 52回	31 － 44回
02 － 46回	12 － 38回	22 － 39回	32 － 40回
03 － 43回	13 － 50回	23 － 50回	33 － 35回
04 － 52回	14 － 43回	24 － 48回	34 － 43回
05 － 37回	15 － 50回	25 － 35回	35 － 47回
06 － 48回	16 － 39回	26 － 41回	36 － 57回
07 － 48回	17 － 41回	27 － 49回	37 － 36回
08 － 44回	18 － 37回	28 － 59回	/1638回
09 － 50回	19 － 36回	29 － 38回	
10 － 44回	20 － 40回	30 － 54回	

6　集団分析

01 － 03　　1回はずれ02が出現（第235回）
04 － 06　　2回はずれ
10 － 12　　6回はずれ
19 － 21　　6回はずれ21が出現（第235回）
31 － 33　　5回はずれ33が出現（第235回）
34 － 36　　2回はずれ34が出現（第235回）
37　　　　 2回はずれ

1）スライド数字重視

　私のオリジナルロト7詳細データ2の項目1を解説します。
　詳細データ2の初ページ以外の例を示します。
（その他の例）
　第210回ロトセブン抽選数字とスライド数字〈第211回出現数字に印〉

　ロトシックスでも前回出現した数字のスライド数字が出現する事が多いのですが、ロトセブンでは高頻度で起きています。
　更に・第218回の前回の23日―第192回（平成28年12月23日実施）

・第218回の100回前―第118回（平成27年7月17日実施）

・第218回の10回前―第208回（平成29年4月14日実施）

・第218回の60回前―第158回（平成28年4月29日実施）

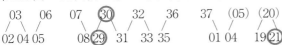

・第218回の12回前―第206回（平成29年3月31日実施）

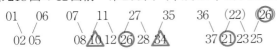

・第218回の前回の一白先負―第213回（平成29年5月19日実施）

・第218回の前回の第4週金曜日―第214回（平成29年5月26日実施）

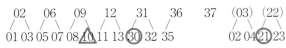

・第218回の前回の6月の第4週金曜日―第166回（平成29年6月24日実施）

　こちらは内容的には詳細データ3と重なって参りますが、第218回（平成29年6月23日実施）の「前回の23日抽選」「100回前」「10回前」「60回前」「12回前」「前回の一白先負」「前回の第4週金曜日」「前回の6月の第4週金曜日」の抽選数字を提示しましたが、こちらのスライド数字からも第218回の抽選数字が多く存在しました。因みに21は全て出現しています。

2）ミラクルシート重視

②のミラクルシートについて解説します。

　ロトシックスの研究者の方から学んだ知識なのですがミラクルシートとは、前回の抽選数字で、24より小さい数字は24からマイナスをして、24より大きい数字は、大きい数字から24をマイナスします。

1→24−1＝23	11→24−11＝13	21→24−21＝3	31→31−24＝7
2→24−2＝22	12→24−12＝12	22→24−22＝2	32→32−24＝8
3→24−3＝21	13→24−13＝11	23→24−23＝1	33→33−24＝9
4→24−4＝20	14→24−14＝10	24→24−24＝0	34→34−24＝10
5→24−5＝19	15→24−15＝9	25→25−24＝1	35→35−24＝11
6→24−6＝18	16→24−16＝8	26→26−24＝2	36→36−24＝12
7→24−7＝17	17→24−17＝7	27→27−24＝3	37→37−24＝13
8→24−8＝16	18→24−18＝6	28→28−24＝4	
9→24−9＝15	19→24−19＝5	29→29−24＝5	
10→24−10＝14	20→24−20＝4	30→30−24＝6	

　ここで重要となるのは、計算した後の数字の下一桁の数字です。

　詳細データ2の初ページを参照。

105

3）五黄殺・ラッキー数字重視

ロトセブン研究者鮎川幹夫氏の提唱—五黄殺・ラッキー数字。

鮎川幹夫氏の五黄殺・ラッキー数字とは、前項のミラクルシートと同様に出現可能性の高い下1桁を導き出したものです。

例えば、五黄殺1、ラッキー数字1とは01・11・21・31を示します。

次ページより第154回（平成28年4月1日）から第240回（平成29年11月24日）迄の五黄殺・ラッキー数字と抽選数字を提示します。

高い的中率に驚くばかりです。

◎第154回　平成28年4月1日（二黒・先勝）
五黄殺　8　ラッキー数字　5・6
抽選数字　02　04　19　21　24　28　35（03）（13）

◎第155回　平成28年4月8日（九紫・仏滅）
五黄殺　4　ラッキー数字　1・3・8
抽選数字　02　09　13　18　22　24　26（10）（37）

◎第156回　平成28年4月15日（七赤・大安）
五黄殺　9　ラッキー数字　9・1
抽選数字　04　09　16　19　22　33　34（17）（36）

◎第157回　平成28年4月22日（五黄・赤口）
五黄殺　5　ラッキー数字　5・6・1・0
抽選数字　05　09　16　26　28　29　32（01）（37）

◎第158回　平成28年4月29日（三碧・先勝）
五黄殺　1　ラッキー数字　4・7
抽選数字　03　06　07　30　32　36　37（05）（20）

◎第159回　平成28年5月6日（一白・友引）
五黄殺　6　ラッキー数字　8・6
抽選数字　10　14　17　21　23　27　31（16）（24）

◎第160回　平成28年5月13日（八白・仏滅）
五黄殺　2　ラッキー数字　9・4
抽選数字　01　02　08　24　32　36　37（23）（33）

◎第161回　平成28年5月20日（六白・大安）
　五黄殺　7　ラッキー数字　1・7
　抽選数字　08　14　[17]　18　20　22　34（04）（30）
◎第162回　平成28年5月27日（四緑・赤口）
　五黄殺　3　ラッキー数字　8・7
　抽選数字　02　[07]　[08]　12　14　[23]　[27]（06）（10）
◎第163回　平成28年6月3日（二黒・先勝）
　五黄殺　8　ラッキー数字　4・9
　抽選数字　01　02　06　16　[28]　30　31（03）（07）
◎第164回　平成28年6月10日（九紫・仏滅）
　五黄殺　4　ラッキー数字　6・3
　抽選数字　[03]　[13]　20　[23]　31　35　[36]（02）（11）
◎第165回　平成28年6月17日（三碧・大安）
　五黄殺　1　ラッキー数字　1・2
　抽選数字　09　[11]　14　15　16　18　27（06）（20）
・第166回　平成28年6月24日（五黄・赤口）
　五黄殺　5　ラッキー数字　7・3・0
　抽選数字　14　[20]　[27]　29　[30]　31　[37]（△23）（34）
・第167回　平成28年7月1日（七赤・先勝）
　五黄殺　9　ラッキー数字　2・3
　抽選数字　01　[03]　05　07　10　26　36（△19）（37）
◎第168回　平成28年7月8日（九紫・仏滅）
　五黄殺　4　ラッキー数字　8・2
　抽選数字　03　09　[12]　[14]　19　20　36（△02）（05）
◎第169回　平成28年7月15日（二黒・大安）
　五黄殺　8　ラッキー数字　4・7
　抽選数字　01　05　10　20　21　[28]　30（25）（26）
◎第170回　平成28年7月22日（四緑・赤口）
　五黄殺　3　ラッキー数字　5・9
　抽選数字　[03]　[05]　06　[09]　27　32　36（12）（24）
◎第171回　平成28年7月29日（六白・先勝）
　五黄殺　7　ラッキー数字　7・2
　抽選数字　01　[02]　06　21　23　[27]　28（11）（16）

◎第172回　平成28年8月5日（八白・先負）
五黄殺　2　ラッキー数字　5・9・7
抽選数字　05　20　21　27　30　31　36（09）（26）
◎第173回　平成28年8月12日（一白・仏滅）
五黄殺　6　ラッキー数字　5・1・9
抽選数字　07　09　19　22　24　27　30（04）（28）
◎第174回　平成28年8月19日（三碧・大安）
五黄殺　1　ラッキー数字　6・2
抽選数字：10　13　14　15　23　31　32（04）（29）
◎第175回　平成28年8月26日（五黄・赤口）
五黄殺　5　ラッキー数字　2・6・0
抽選数字：06　17　21　31　33　35　37（14）（18）
第176回　平成28年9月2日（七赤・先負）
五黄殺　9　ラッキー数字　3・2・5
抽選数字：01　11　12　17　22　30　35（15）（16）
◎第177回　平成28年9月9日（九紫・仏滅）
五黄殺　4　ラッキー数字　1・8
抽選数字：09　15　19　23　25　34　36（02）（35）
◎第178回　平成28年9月16日（二黒・大安）
五黄殺　8　ラッキー数字　1・6・8
抽選数字：06　09　11　15　26　34　36（13）（37）
◎第179回　平成28年9月23日（四緑・赤口）
五黄殺　3　ラッキー数字　8・3
抽選数字：04　09　12　13　22　26　36（05）（33）
◎第180回　平成28年9月30日（六白・先勝）
五黄殺　7　ラッキー数字　3・6・2
抽選数字　01　08　11　21　23　25　28（05）（37）
第181回　平成28年10月7日（八白・先負）
五黄殺　2　ラッキー数字　1・5
抽選数字　07　08　10　13　19　23　24（15）（27）
第182回　平成28年10月14日（一白・仏滅）
五黄殺　6　ラッキー数字　8・2・3
抽選数字　01　07　10　11　20　23　30（03）（37）

第183回　平成28年10月21日（三碧・大安）
五黄殺　1　ラッキー数字　6・1・5
抽選数字　06　15　20　26　33　34　37（19）（29）
第184回　平成28年10月28日（五黄・赤口）
五黄殺　5　ラッキー数字　1・7・0
抽選数字　07　14　18　22　23　26・34（02）（32）
第185回　平成28年11月4日（七赤・友引）
五黄殺　9　ラッキー数字　2・9
抽選数字：01　02　04　16　26　29　34（11）（12）
第186回　平成28年11月11日（九紫・先負）
五黄殺　4　ラッキー数字　3・2
抽選数字：05　14　16　19　31　33　37（21）（28）
第187回　平成28年11月18日（二黒・仏滅）
五黄殺　8　ラッキー数字　3・6・5
抽選数字：04　06　10　23　24　32　36（15）（31）
第188回　平成28年11月25日（四緑・大安）
五黄殺　3　ラッキー数字　1・9
抽選数字：06　15　19　25　26　30　31（14）（18）
第189回　平成28年12月2日（六白・友引）
五黄殺　7　ラッキー数字　1・8
抽選数字：03　07　08　10　18　23　35（01）（19）
第190回　平成28年12月9日（二黒・先負）
五黄殺　8　ラッキー数字　6・2・9
抽選数字　02　11　12　18　21　33　36（08）（34）
第191回　平成28年12月16日（九紫・仏滅）
五黄殺　4　ラッキー数字　5・6
抽選数字　08　15　21　24　26　27　29（07）（30）
第192回　平成28年12月23日（七赤・大安）
五黄殺　9　ラッキー数字　3・9
抽選数字　12　13　14　19　25　33　34（03）（22）
第193回　平成28年12月30日（五黄・先勝）
五黄殺　情報なし　ラッキー数字　情報なし
抽選数字　04　06　20　21　22　24　31（09）（10）

第194回　平成29年1月6日（三碧・友引）
五黄殺　1　ラッキー数字　4・5
抽選数字　03　06　27　30　[31]　32　36（△14）（23）
第195回　平成29年1月13日（一白・先負）
五黄殺6　ラッキー数字　9・8
抽選数字　04　07　12　20　23　24　31（△26）（35）
第196回　平成29年1月20日（八白・仏滅）
五黄殺　2　ラッキー数字　7・2
抽選数字　[07]　13　15　25　30　[32]　[37]（08）（14）
第197回　平成29年1月27日（六白・大安）
五黄殺　7　ラッキー数字　2・1
抽選数字　06　08　10　[12]　16　[21]　28（14）（23）
第198回　平成29年2月3日（四緑・先勝）
五黄殺　3　ラッキー数字　2・7
抽選数字　18　21　31　[32]　[33]　36　[37]（05）（25）
第199回　平成29年2月10日（二黒・友引）
五黄殺　8　ラッキー数字　4・8・3
抽選数字：01　09　17　20　22　[28]　29（△13）（16）
◎第200回　平成29年2月17日（九紫・先負）
五黄殺　4　ラッキー数字　4・6
抽選数字　13　[14]　17　21　27　28　[34]（01）（11）
第201回　平成29年2月24日（七赤・仏滅）
五黄殺　9　ラッキー数字　4・6
抽選数字　08　11　17　[24]　28　31　32（12）（△34）
第202回　平成29年3月3日（五黄・先勝）
五黄殺　5　ラッキー数字　3・6・0
抽選数字　[03]　07　11　[16]　22　34　37（29）（32）
第203回　平成29年3月10日（三碧・友引）
五黄殺　1　ラッキー数字　1・3
抽選数字　06　[13]　17　22　32　[33]　36（12）（28）
第204回　平成29年3月17日（一白・先負）
五黄殺　6　ラッキー数字　3・8
抽選数字　05　19　20　21　30　34　[36]（07）（12）

第205回　平成29年3月24日（八白・仏滅）
五黄殺　2　ラッキー数字　7・5・9
抽選数字：04　[05]　[19]　31　[35]　36　[37]（△27）（△32）

第206回　平成29年3月31日（六白・赤口）
五黄殺　7　ラッキー数字　7・8・5
抽選数字：01　06　[07]　11　[27]　[35]　36（22）（26）

第207回　平成29年4月7日（四緑・先勝）
五黄殺　3　ラッキー数字　1・2
抽選数字：04　05　10　[13]　28　[32]　[33]（19）（26）

第208回　平成29年4月14日（二黒・友引）
五黄殺　8　ラッキー数字　3・4
抽選数字：[04]　[13]　16　[18]　22　26　[33]（27）（29）

第209回　平成29年4月21日（九紫・先負）
五黄殺　4　ラッキー数字　7・4
抽選数字：03　[04]　06　13　22　31　36（28）（△34）

・第210回　平成29年4月28日（七赤・赤口）
五黄殺　9　ラッキー数字　8・6・1
抽選数字：02　04　[06]　[11]　15　[19]　[36]（23）（24）

・第211回　平成29年5月5日（五黄・先勝）
五黄殺　5　ラッキー数字　6・7・4・0
抽選数字：[07]　[15]　22　[25]　31　32　[35]（29）（△36）

・第212回　平成29年5月12日（三碧・友引）
五黄殺　1　ラッキー数字　4・2
抽選数字：[04]　06　10　19　20　[24]　29（△01）（27）

第213回　平成29年5月19日（一白・先負）
五黄殺　6　ラッキー数字　1・6・8
抽選数字：05　13　15　[18]　19　24　35（20）（23）

第214回　平成29年5月26日（八白・大安）
五黄殺　2　ラッキー数字　2・3
抽選数字：[02]　06　09　[12]　31　36　37（△03）（△22）

第215回　平成29年6月2日（六白・赤口）
五黄殺　7　ラッキー数字　7・5・9
抽選数字：11　12　13　21　[29]　36　[37]（△07）（△09）

第216回　平成29年6月9日（六白・先勝）
五黄殺　7　ラッキー数字　8・9
抽選数字：[09]　14　22　24　24　36　[37]（△08）（△28）
第217回　平成29年6月16日（八白・友引）
五黄殺　2　ラッキー数字　8・9・4
抽選数字：[04]　06　26　27　[28]　35　36（△24）（△34）
第218回　平成29年6月23日（一白・先負）
五黄殺　6　ラッキー数字　5・2
抽選数字：[15]　[16]　17　21　[26]　29　30（10）（34）
第219回　平成29年6月30日（三碧・大安）
五黄殺　1　ラッキー数字　1・8
抽選数字：06　09　13　14　[21]　25　[31]（02）（04）
第220回　平成29年7月7日（五黄・赤口）
五黄殺　5　ラッキー数字　1・4・6・0
抽選数字：07　09　[11]　18　[25]　28　[35]（△20）（27）
第221回　平成29年7月14日（七赤・先勝）
五黄殺　9　ラッキー数字　8・2
抽選数字：01　[02]　[09]　11　17　30　35（13）（36）
第222回　平成29年7月21日（九紫・友引）
五黄殺　4　ラッキー数字　4・3
抽選数字　[03]　09　18　21　[23]　27　29（35）（37）
第223回　平成29年7月28日（二黒・大安）
五黄殺　8　ラッキー数字　4・9
抽選数字　10　13　[19]　21　26　33　[34]（△24）（25）
第224回　平成29年8月4日（四緑・赤口）
五黄殺　3　ラッキー数字　1・7
抽選数字：02　04　[07]　10　12　29　34（△01）（△21）
第225回　平成29年8月11日（六白・先勝）
五黄殺　7　ラッキー数字　5・4
抽選数字：13　[15]　[17]　18　20　21　26（△25）（29）
第226回　平成29年8月18日（八白・友引）
五黄殺　2　ラッキー数字　1・6
抽選数字：[12]　17　[21]　24　[26]　30　[32]（10）（△22）

第227回　平成29年8月25日（一白・仏滅）

五黄殺　6　ラッキー数字　6・5

抽選数字：02　03　07　09　22　23　26（29）（30）

第228回　平成29年9月1日（三碧・大安）

五黄殺　1　ラッキー数字　2・5

抽選数字：06　11　14　21　24　28　31（22）（36）

第229回　平成29年9月8日（五黄・赤口）

五黄殺　5　ラッキー数字　1・7・0

抽選数字：02　03　09　30　33　36　37（01）（32）

第230回　平成29年9月15日（七赤・先勝）

五黄殺　9　ラッキー数字　3・8

抽選数字：03　05　08　15　22　25　27（18）（31）

第231回　平成29年9月22日（九紫・仏滅）

五黄殺　4　ラッキー数字　1・5

抽選数字：04　15　18　24　25　34　36（10）（28）

第232回　平成29年9月29日（二黒・大安）

五黄殺　8　ラッキー数字　3・8・1

抽選数字：02　04　07　09　15　35　37（10）（23）

第233回　平成29年10月6日（四緑・赤口）

五黄殺　3　ラッキー数字　3・4・8

抽選数字　03　13　17　25　26　27　29（08）（37）

第234回　平成29年10月13日（六白・先勝）

五黄殺　7　ラッキー数字　5・9

抽選数字：07　14　15　16　23　25　30（05）（34）

第235回　平成29年10月20日（八白・先負）

五黄殺　2　ラッキー数字　9・5

抽選数字：02　09　13　18　21　33　34（03）（11）

第236回　平成29年10月27日（一白・仏滅）

五黄殺　6　ラッキー数字　8・5・6

抽選数字：19　22　23　34　35　36　37（10）（30）

第237回　平成29年11月3日（三碧・大安）

五黄殺　1　ラッキー数字　4・2

抽選数字：03　04　07　19　20　21　29（08）（33）

第238回　平成29年11月10日（五黄・赤口）
五黄殺　5　ラッキー数字　9・4・2・0
抽選数字：03　21　26　33　34　35　37（23）（31）
第239回　平成29年11月17日（七赤・先勝）
五黄殺　9　ラッキー数字　6・2
抽選数字：08　13　17　21　23　28　37（01）（14）
第240回　平成29年11月24日（九紫・仏滅）
五黄殺　4　ラッキー数字　5・9・6
抽選数字：09　12　14　24　29　31　35（05）（30）
第241回　平成29年12月1日（二黒・大安）
五黄殺　8　ラッキー数字　8・4
抽選数字：05　11　12　19　21　26　28（04）（20）
第242回　平成29年12月8日（六白・赤口）
五黄殺　7　ラッキー数字　4・7・8
抽選数字：01　05　13　17　31　32　35（19）（24）
第243回　平成29年12月15日（四緑・先勝）
五黄殺　3　ラッキー数字　6・2・7
抽選数字：06　09　13　18　20　22　30（11）（14）
第244回　平成29年12月22日（二黒・先負）
五黄殺　8　ラッキー数字　7・4
抽選数字：02　09　17　22　32　34　36（11）（12）
第245回　平成29年12月29日（九紫・仏滅）
五黄殺　4　ラッキー数字　4・2
抽選数字：02　08　09　11　24　26　27（07）（36）
第246回　平成30年1月5日（七赤・大安）
五黄殺　9　ラッキー数字　1・9
抽選数字：03　06　09　19　23　25　31（21）（36）
第247回　平成30年1月12日（五黄・赤口）
五黄殺　5　ラッキー数字　9・6・8・0
抽選数字：10　12　13　16　34　35　36（11）（37）
第248回　平成30年1月19日（三碧・友引）
五黄殺　1　ラッキー数字　8・9
抽選数字：01　05　06　22　25　27　31（12）（18）
第249回　平成30年1月26日（一白・先負）

五黄殺　6　ラッキー数字　3・5

抽選数字：09　20　28　29　31　34　37（05）（25）

第250回　平成30年2月2日（八白・仏滅）

五黄殺　2　ラッキー数字　8・3・6

抽選数字：05　09　10　13　26　30　34（18）（23）

第251回　平成30年2月9日（六白・大安）

五黄殺　7　ラッキー数字　2・3

抽選数字：01　15　20　26　28　34　37（23）（30）

第252回　平成30年2月16日（四緑・先勝）

五黄殺　3　ラッキー数字　6・9

抽選数字：08　23　24　25　27　30　31（11）（17）

第253回　平成30年2月23日（二黒・友引）

五黄殺　8　ラッキー数字　8・5

抽選数字：06　07　09　12　15　17　24（26）（29）

第254回　平成30年3月2日（九紫・先負）

五黄殺　4　ラッキー数字　1・2

抽選数字：01　12　14　18　23　24　31（07）（26）

第255回　平成30年3月9日（七赤・仏滅）

五黄殺　9　ラッキー数字　6・5

抽選数字：01　04　11　13　15　21　32（05）（10）

第256回　平成30年3月16日（五黄・大安）

五黄殺　5　ラッキー数字　4・8・0

抽選数字：14　21　24　27　30　33　37（19）（20）

第257回　平成30年3月23日（三碧・友引）

五黄殺　1　ラッキー数字　8・7

抽選数字：05　15　16　26　27　32　35（23）（28）

第258回　平成30年3月30日（一白・先負）

五黄殺　6　ラッキー数字　8・4

抽選数字：01　03　11　20　23　32　35（25）（26）

第259回　平成30年4月6日（八白・仏滅）

五黄殺　2　ラッキー数字　1・9・5

抽選数字：05　06　15　19　22　29　32（04）（31）

第260回　平成30年4月13日（六白・大安）

五黄殺　7　ラッキー数字　1・3

抽選数字：04　08　12　[23]　29　[31]　34　(05)(06)
第261回　平成30年4月20日（四緑・先勝）
五黄殺　3　ラッキー数字　1・3
抽選数字：04　14　15　17　[21]　[23]　26　(07)(08)
第262回　平成30年4月27日（二黒・友引）
五黄殺　8　ラッキー数字　9・3
抽選数字：02　06　07　[09]　[19]　[23]　36　(05)(15)

4) ゲイル理論重視

④'④"の考察を展開

1) ゲイル理論、はずれ回数とは。

——ここでは詳細データ1でも登場しております はずれ回数 をゲイル理論と共に述べさせて頂きたいと思います。

ゲイル理論 とは、ロトセブンの前身であるロトシックスの研究者の方が立案された法則であります。

私はゲイル理論をロトセブンに適用致しました。はずれ回数とは、本数字の1〜37の数字（ボーナス数字は含まれません）が、抽選までに何回分の間隔があったかを表示するものです。

第218回ロトセブンの抽選数字を例に挙げますと、

第218回（H.29 6/23）15　16　17　21　26　29　30　⊗　㉞
　　　　　　　　　　　4　9　14　2　0　2　13

15は、第213回で出現してから、〈第214回〉〈第215回〉〈第216回〉〈第217回〉の4回の間隔を経て、第218回で出現しましたが、これがはずれ回数4です。そして26は第217回で出現して、第218回と連続出現しており、これがはずれ回数0です。

補足として、過去に遡りますが、

第1回　07　10　12　17　23　28　34　⊗　⑮
　　　　0　0　0　0　0　0　0
第2回　20　24　29　31　33　34　35　⊗　㉜
　　　　1　1　1　1　1　0　1

では、第1回の頃はどのようになるのかという疑問が生じるかと思いますが、第1回の抽選数字のはずれ回数は0です。

第2回では、34は第1回からの連続出現でしたのではずれ回数は0になります。他の数字は初出現なのではずれ回数1と表示しました。第3回で初登場の数字ははずれ2と表示しましたが、初期の数字は、第0回に1〜37の数字が全て存在しているという意味合いととらえてよいと考えております。

詳細データ1でも私は常にはずれ回数を抽選数字の下段に表示して参りましたが、はずれ回数にはものすごい意味があります。例として詳細データ1の第

222回、第223回の部分を抜粋します。

第222回（H.29 7/21）03　09　18　21　23　27　29（35）（37）
　　　　　　　　　　　12　 0　 1　 2　26　 4　 3
第223回（H.29 7/28）10　13　19　21　26　33　34（24）（25）
　　　　　　　　　　　10　 3　 9　 0　 4　14　18

　第222回で出現した、はずれ回数0、3、4についてですが、第223回でもはずれ回数0、3、4の数字が抽選数字として出現しています。その他の例では、

第188回（H.28 11/25）06　15　19　25　26　30　31（14）（18）
　　　　　　　　　　　 0　 4　 1　 7　 2　 5　 1
第189回（H.28 12/2）03　07　08　10　18　23　35（01）（19）
　　　　　　　　　　　18　 4　 7　 1　 4　 1　12
はずれ回数1、4、7が強く連続出現しています。

　以上、抽選数字のはずれ回数を把握する重要性を強く感じております。これを「同一はずれ回数連続出現理論」と呼びたいと思います。さらにゲイル理論でははずれ回数0〜9までを「ホットナンバー」はずれ回数10以上を「コールドナンバー」と呼びますが、ゲイル理論では、近5回のはずれ回数の出現状況を抽選時に重要とします。

はずれ回数 ＼ 抽選回	230	231	232	233	234	合計
0	1	2	2		1	6
1		1		1	2	4
2	1	1	3	2		7
3						0
4	1		1		1	3
5		1		1	1	3
6		2		1	1	4
7	1			1		2
8				1		1
9	1					1

抽選回 はずれ回数	230	231	232	233	234	合計
10			1			1
11						0
12						0
13						0
14						0
15					1	1
16	1					1
28	1					1

↑上図は4'を抜粋したものです。合計の回数を4"のはずれ回数の数字の右側に提示します。次ページでは、いくつかの例を抜粋して考察を進めて参りたいと思います。

4"ゲイル理論（第217回終了時点・第218回対策時）第218回抽選数字の本数字に○、ボーナス数字に△を印しました。

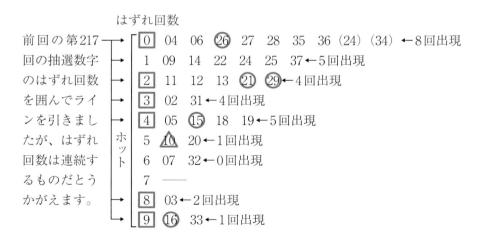

119

第214回に、「09」が「はずれ回数14」として出現しました。
コールドナンバーでは、近5回に出現した回数のものが、高頻度ではありませんが、出現する傾向があります。

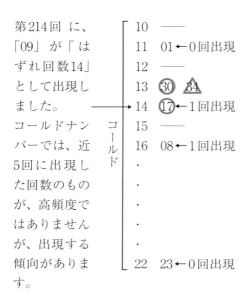

平成29年11月17日の第239回ロトセブン抽選発表後の状況を以下に、参考までに示します。

第239回終了時（第240回対策時）第240回ロトセブン抽選数字に印をします。

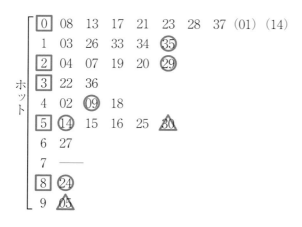

120

コールド

10 ——
11 06 11 [31]
12 ——
13 [12] 32
14 ——
15 10
16 ——
17 ——
18 01

（参考までにその他の例も）

ゲイル理論—第188回ロトセブン終了時点（第189回対策時）

はずれ回数

ホット

[0] 06 15 [19] 25 26 30 31（14）（18）**6**回出現
[1] 04 [10] [23] 24 32 36（15）（31）**6**回出現
[2] 05 14 16 33 37 **5**回出現
3 [01] 02 29 34 **1**回出現
[4] [07] [18] 22 **4**回出現
[5] 20 **3**回出現
6 11 **0**回出現
[7] [08] 13 **2**回出現
8 21 28 **0**回出現
9 09 12 **1**回出現

コールド

10 ——
11 ——
12 17 [35] **1**回出現
13 ——
14 ——
15 27 **0**回出現
16 —
17 —
18 [03] **2**回出現

※ホットナンバーではずれ回数が高頻度に連続しています。

※近5回のコールドナンバーではずれ回数12が1回、18が2回出現しましたが、第189回でも出現！

ゲイル理論—第210回ロトセブン終了時点・第211回ロトセブン対策時

はずれ回数

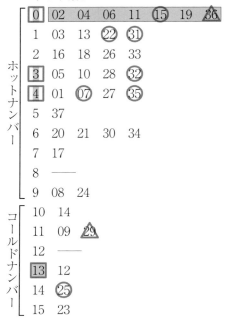

122

5) 出現パーセンテージ・末尾分析重視

　⑤'''は第1回から第234回迄の本数字の出現回数を表したものです。再びゲイル理論の一環となりますが、ロトセブンでは、全体と近10回の1桁台、10番台、20番台、30番台の出現パーセンテージ。⑥と関連性がありますが、集団分析による分割法で3分割数字（37は1数字のみ）の全体と近10回の出現パーセンテージが重要になります。

　ゲイル理論では、1桁台、10番台、20番台、30番台の近10回出現パーセンテージが全体の出現パーセンテージを越えた状態の台のものが、出現すると考えられています。

　第234回終了時点では近10回の出現パーセンテージで1桁台、20番台が全体を越えている状態で、本数字02、09、21、ボーナス数字03が出現していました。

　3分割数字では近10回が全体の出現パーセンテージを越えたものや、集団分析で5回以上外れた分割した数字が出現した状況を示しています。

　⑤'の末尾分析は本数字の各下1桁がどの程度外れたか、近10回でどの程度出現しているかを調査するものですが、最多の下1桁5や7は第235回には未出現でしたが、これらに次ぐ下1桁3では13、33、（03）が出現を果たしています。

　更に6回はずれていた下1桁1も21が出現を果たしています。下1桁8も最小の4回で3回はずれで、18の出現を果たしています。

　ゲイル理論では出現数の多い下1桁も、勿論ですが、はずれの多いものも狙い目となります。

(1けた台)
| 近10回 |
$18/70 \times 100 = 25.7\%$

| 全体 |
$> \quad 441/1638 \times 100 = 25.09\%$

10番台
| 近10回 |
$17/70 \times 100 = 24.285\%$

| 全体 |
$420/1638 \times 100 = 25.6\%$

(20番台)
| 近10回 |
$23/70 \times 100 = 32.8\%$

| 全体 |
$> \quad 451/1638 = 27.53\%$

30番台
| 近10回 |
$12/70 \times 100 = 17.1\%$

| 全体 |
$356/1638 \times 100 = 21.73\%$

123

[近10回]

01 − 03（1回はずれ）01 [02] △03
7/70 × 100 = 10%

[04 − 06]（2回はずれ）
4/70 × 100 = 5.7%

[07 − 09] 07 08 [09]
7/70 × 100 = 10%

[10 − 12]（6回はずれ）10 △11 12
2/70 × 100 = 2.85%

[13 − 15] [13] 14 15
9/70 × 100 = 12.85%

[16 − 18] 16 17 [18]
6/70 × 100 = 8.57%

[19 − 21]（6回はずれ）19 20 [21]
4/70 × 100 = 5.714%

[22 − 24] 22 23 24
7/70 × 100 = 10%

[25 − 27] 25 26 27
10/70 × 100 = 14.28%

[28 − 30]
5/70 × 100 = 7.14%

[31 − 33]（5回はずれ）31 32 [33]
3/70 × 100 = 4.28%

[34 − 36]（2回はずれ）
4/70 × 100 = 5.7%

[37]（2回はずれ）
2/70 × 100 = 2.85%

[全体]

[01 − 03]
＞ 43 + 46 + 43/1638 × 100 = 132/1638 × 100 = 8.05%

[04 − 06]
52 + 37 + 48/1638 × 100 = 137/1638 × 100 = 8.36%

[07 − 09]
＞ 48 + 44 + 50/1638 × 100 = 142/1638 × 100 = 8.69%

[10 − 12]
44 + 42 + 38/1638 × 100 = 124/1638 × 100 = 7.57%

[13 − 15]
＞ 50 + 43 + 50/1638 × 100 = 8.73%

[16 − 18]
＞ 39 + 41 + 37/1638 × 100 = 117/1638 × 100 = 7.94%

[19 − 21]
36 + 40 + 52/1638 × 100 = 128/1638 × 100 = 7.89%

[22 − 24]
＞ 39 + 50 + 48/1638 × 100 = 137/1638 × 100 = 8.369%

[25 − 27]
＞ 35 + 41 + 49/1638 × 100 = 125/1638 = 7.63%

[28 − 30]
59 + 38 + 54/1638 × 100 = 151/1638 × 100 = 9.21%

[31 − 33]
44 + 40 + 35/1638 × 100 = 119/1638 × 100 = 7.26%

[34 − 36]
43 + 47 + 57/1638 × 100 = 147/1638 × 100 = 8.97%

[37]
36/1638 = 2.19%

6）集団分析重視

6 の考察を展開。

集団分析とは、1 〜 37 の本数字を 01 〜 03　04 〜 06　07 〜 09　10 〜 12　13 〜 15　16 〜 18　19 〜 21　22 〜 24　25 〜 27　28 〜 30　31 〜 33　34 〜 36　37 と分割して、最新の抽選回から遡って、3分割数字（37は1数字のみとなります）が何回分外れているかを調査してゆくものです。

例として 5 "の表を提示して解説させて頂きたいと思います。

```
第225回（8/11）  13  15  17  18  20  21  26 （25）（29）
第226回（8/18）  12  17  21  24  26  30  32 （10）（22）
第227回（8/25）  02  03  07  09  22  23  26 （29）（30）
第228回（9/1）   06  11  14  21  24  28  31 （22）（36）
第229回（9/8）   02  03  09  30  33  36  37 （01）（32）
第230回（9/15）  03  05  08  15  22  25  27 （18）（31）
第231回（9/22）  04  15  18  24  25  34  36 （10）（28）
第232回（9/29）  02  04  07  09  15  35  37 （10）（23）
第233回（10/6）  03  13  17  25  26  27  29 （08）（37）
第234回（10/13）  07  14  15  16  23  25  30 （05）（34）
```

〈解説〉

01 − 03　第233回の03の出現から第234回と1回外れています。

04 − 06　第232回の04の出現から第233回・第234回と2回外れています。

07 − 09　第234回に07が出現しています。外れはありません。

10 − 12　第228回の11の出現から、第229回・230回・231回・232回・233回・234回と6回外れています。

13 − 15　第234回に14　15が出現しています。外れはありません。

16 − 18　第234回に16が出現しています。外れはありません。

19 − 21　第228回の21の出現から第229回・230回・231回・232回・233回・234回と6回外れています。

22 − 24　第234回に23が出現しています。外れはありません。

25 − 27　第234回に25が出現しています。外れはありません。

28 − 30　第234回に30が出現しています。外れはありません。

31 − 33 第229回の33の出現から第230回・231回・232回・233回・234回と5回外れています。

34 − 36 第232回の35の出現から第233回・234回と2回外れています。

37 第232回の出現から第233回・第234回と2回外れています。

ここで 6 の表を提示します。

集団分析

01 − 03 1回はずれ→第235回に02が1回外れで出現。

04 − 06 2回はずれ→第235回、236回に出現はなく4回外れで第237回に04が出現。

10 − 12 6回はずれ→第235回、第236回、第237回、第238回、第239回と11回外れで第240回で12が出現。

19 − 21 6回はずれ→第235回に21が6回外れで出現。

31 − 33 5回はずれ→第235回に33が5回外れで出現。

34 − 36 2回はずれ→第235回に34が2回外れで出現。

37 2回はずれ→第235回に出現はなく3回外れで第236回に出現。

　以上、本数字を3分割し、現時点の状況を認識しておく事は非常に重要になります。抽選時に3回程度外れているとすると狙い目になると考えられます。3回外れで出現しなくても、4回外れ、5回外れの段階の該当数字を追い求めるのは重ねて重要となります。前例が多くありますので。

126

第3章

―私のオリジナルロトセブン
詳細データ3からの考察

①私のロトセブン詳細データ３

『私のロトセブン詳細データ３』＊につきましては以降で解説します。

『私のロトセブン詳細データ３』では、平成29年10月20日に実施されました『第235回ロト7』を例に述べさせて頂きたいと思います。
　始めに、ロト６研究家として著名な＊宝田幸三先生から学ばせて頂きました理論をロト7に適用させてみました。
　＊宝田幸三先生の理論とは、「平成29年10月20日実施、第235回ロト7（九星・六曜は「八白・先負」となります）」の例ですと。
　過去３回を主軸とした「20日」「下二桁（…100回前、200回前）」「下一桁（…10回前、20回前）」「八白・先負」「八白」「先負」「第３週金曜日」「10月の第３週金曜日」etcの引っぱり理論をいいます。更に、出目予想＋α倶楽部という研究頭脳軍団の方々の提唱する60回周期説（還暦周期説）や私の気が付きました12回周期説などを次ページ以降に詳細に、前述しました「第235回ロト7」を例に述べさせて頂きたいと思います。

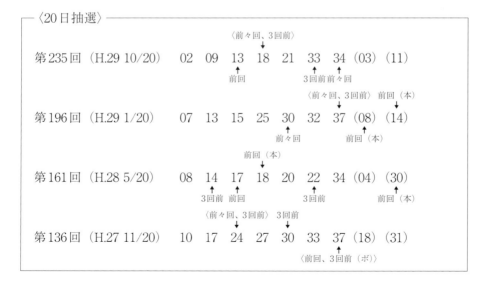

　第235回に出現した18は、前々回の第161回、３回前の136回に出現しています。同様に13は前回の第196回、33は３回前の第136回、34も前々回の第

161回から出現しています。

　このように抽選回から過去3回までの引っ張り状況を「前回」「前々回」「3回前」と提示してゆくものです。

　これがロト6研究家である宝田幸三先生の理論のロト7版の一部であります。ここから応用編に入って参りたいと思います。

　ここで、第235回ロトセブン（平成29年10月20日実施）の前回を基準とした各10項目の抽選回及び抽選数字を以下に示します。

　更にスライド数字も示し、第235回の抽選数字に○印をします。

　注）スライド数字の内、本数字・ボーナス数字と共通する数字には数字の下に本・ボの印を記入します。

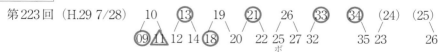

前回の八白・先負

第181回（H.28 10/7）　07　08　10　○13　19　23　24　(15)　(27)

06　○09　△11　12　14　○18　20　22　25　14　16　26　28

前回の八白

第226回（H.29 8/18）　12　17　○21　24　26　30　32　(10)　(22)

△11　○13　16　○18　20　22ボ　23　25　27　29　31　○33　○09　△11　○21本　23

前回の先負

第218回（H.29 6/23）　15　16　17　○21　26　29　30　(10)　(○34)

14　○18　20　22　25　27　28　31　○09　△11　○33　35

前回の第3週の金曜日

第230回（H.29 9/15）　△03　05　08　15　22　25　27　(○18)　(31)

○02　04　06　07　○09　16　○21　23　24　26　28　17　19　30　32

前回の10月の第3週の金曜日

第183回（H.28 10/21）　06　15　20　26　○33　○34　37　(19)　(29)

05　07　14　16　19ボ　○21　25　27　32　35　36　01　○18　20　28　30

ここで第235回の各10項目の前回の出現ランキング表を示します。第235回の抽選数字に○印をします。

1位	6回	15
2位	5回	○13　○21　26
3位	4回	08　10　17　24　25　○34
4位	3回	14　○18　19　29　30　32　○33　37
5位	2回	△03　06　07　20　22　27　31
6位	1回	04　05　○09　12　16　23　35
7位	0回	01　○02　△11　28　36

ランキング上位数字の13、21が抽選されています。

非常に実用性の高い内容であると考えられます。

13、21は各10項目の直近3回でも非常に強い数字でした。

ここで注目して頂きたい点があります。驚愕の事実とも言うべきなのでしょうか。10回の抽選回で、同一の数字が多く出現しているという事実を。抽選

数字となった13、21を筆頭に挙げられますが、実はロトセブン、ロトシックス、ミニロトなどでもこれらの現象は高頻度に起こりうるものなのです。

そして、「前回の日付」「100回前」「10回前」「60回前」「12回前」「前回の同一の六曜・九星」「前回の同一の六曜」「前回の同一の九星」「前回（先月）の同週の金曜日」「前回（昨年）の同月・同週の金曜日」の当選数字を列挙していくうちに、私のオリジナルの攻略法—*データボックスを考案致しました。以降で解説させて頂きたいと思います。データボックスとは、次回に視点を置く攻略法なのです。すなわち最近抽選回の「次回の日付」「100回後」「10回後」「60回後」「12回後」「次回の同一の六曜・九星」「次回の同一の六曜」「次回の同一の九星」「次回（来月）の同週の金曜日」「次回（来年）の同月・同週の金曜日」の各項目の抽選回及び日付を調査し、10項目の、ロトシックス・ミニロトの過去の同一抽選回・抽選日を提示し、次回の10項目の該当日を基準とした、「前回の日付」「100回前」「10回前」「60回前」「12回前」「前回の同一の六曜・九星」「前回の同一の六曜」「前回の同一の九星」「前回（先月）の同週の金曜日」「前回（昨年）の同月・同週の金曜日」を更に提示します。（最近抽選回実施時点で未実施のものは除外。）以降で第235回ロトセブンを例に展開してゆきたいと思います。

そして、平成29年9月1日金曜日現在では6年後に、9月1日金曜日が訪れます。第538回を迎えていると思われます。第228回ロトセブン（平成29年9月1日実施ロトセブン）の抽選番号は06　11　14　21　24　28　31（22）（36）でしたが、第538回ロトシックス・ミニロトの抽選番号は、

第538回ロトシックス：02　11　14　23　26　33（28）
第538回ミニロト　　：08　10　13　20　21（31）

でしたが次回の同一日金曜日における、ロトシックス・ミニロトの同一抽選回もデータボックスと共に重要であると考えております。

そして、データボックスと共に重要なのが次々回ロトシックス・ミニロト理論なのですが、次ページより解説して参りたいと思います。

詳細データ3でもランキング表が数多く登場致しますが、「ランキング表を作成する者がロトセブンを制す」と信じております。

1）日付をデータボックス１と共に解析

〈20日抽選〉直近3回分の内、第235回の当選数字に○印をしました。〈前々回、3回前〉に該当する18や、3回前のみに該当する33が出現しています。

								〈前々回、3回前〉↓		前回（本）↓
第196回	（H.29 1/20）	07	**13**	15	25	30	32	37	（08）	（14）
						↑前々回			↑前回（本）	
					前回（ボ）↓					
第161回	（H.28 5/20）	08	14	17	**18**	20	22	**34**	（04）	（30）
			↑3回前	↑前回			↑3回前			↑前回（本）
						3回前↓				
第136回	（H.27 11/20）	10	17	24	27	30	**33**	37	（**18**）	（31）
				↑〈前々回、3回前〉				↑〈前回、3回前（ボ）〉		
第101回	（H.27 3/20）	11	12	21	23	28	36	37	（03）	（16）
			↑前々回（ボ）			↑前々回		↑前々回（ボ）		↑前回（本）
					3回前↓		〈前回、3回前（ボ）〉↓			前々回（本）↓
第97回	（H.27 2/20）	07	13	14	16	22	24	35	（01）	（29）
				↑前々回		↑前々回			↑3回前（本）	
			前回（ボ）↓		前々回（ボ）↓					
第63回	（H.26 6/20）	04	08	19	24	28	30	32	（12）	（37）
		↑前回		↑前回						
第38回	（H.25 12/20）	04	14	19	22	24	29	34	（08）	（31）
						↑前回（ボ）				
第25回	（H.25 9/20）	01	06	11	16	17	18	21	（10）	（24）

第235回ロトセブン（平成29年10月20日実施）の次回の20日は第261回（平成30年4月20日実施）となります。

ここでは第261回ロトセブンを主眼としたデータボックスを作成します。

すなわちここでは、

- 第261回のロトシックス・ミニロトの抽選番号
- ロトシックス・ミニロトの過去の4月20日の抽選番号
- 第261回ロトセブンの100回前――第161回ロトセブン

・第261回ロトセブンの60回前——第201回ロトセブン
・前回の4月3週金曜日——第209回ロトセブン

> 重要！　因みに平成29年10月20日金曜日の次回の10月20日金曜日は2023年10月20日金曜日となります。抽選回は545回を迎えていると思われます。
>
> 第545回　ロトシックス——　16 [21] 24 28 32 36（35）
>
> 第545回　ミニロト——　01 15 23 28 29（[02]）

[データボックス1]

第235回の次回の20日は第261回（平成30年4/20）実施となります。

第261回 ロトシックス—06 17 [18] [21] 35 ×41（32）

第261回 ミニロト—　[02] △03 05 14 29（[18]）

過去のロトシックス（4/20）

第287回（H.18　4/20）　01 05 [18] [34] 35 ×39（07）

第960回（H.27 4/20）　05 [18] 23 32 35 ×39（10）

第1167回（H.29 4/20）　06 [13] 20 25 36 ×42（28）

過去ミニロト（4/20）

第248回（H.16　4/20）　04 [13] 16 24 29（12）

第558回（H.22 4/20）　04 10 16 22 30（27）

第261回の100回前—第161回

第161回 ロトセブン—　08 14 17 [18] 20 22 [34]（04）（30）

第261回の60回前—第201回

第201回 ロトセブン—　08 △11 17 24 28 31 32（12）（34）

前回の4月の3週金曜日—第209回

第209回（4/21）　△03 04 06 [13] 22 31 36（28）（[34]）

〈20日抽選ランキング—第196回終了時点〉

第235回出現数字に○印

1位	5回	24
2位	4回	08 14 30 37
3位	3回	04 16 17 [18] 22
4位	2回	01 07 10 △11 12 [13] 19 [21] 28 29 31 32 [34]

| 5位 | 1回 | 03 | 06 | 15 | 20 | 23 | 25 | 27 | 33 | 35 | 36 |
| 6位 | 0回 | 02 | 05 | 09 | 26 |

〈データボックス1出現ランキング〉

1位	5回	18
2位	4回	04	34
3位	3回	05	06	13	17	22	28	32	35
4位	2回	03	08	10	12	14	16	20	24	29	30	31	36
5位	1回	01	02	07	11	21	23	25	27
6位	0回	09	15	19	26	33	37

そして、詳細データ1の復習で38ページの第235回ロトセブンを素材にした項目も併用すると効果的だと思われます。

（18、21などの強さを再認識できます。）

そして、私が気付きました新しい攻略法を紹介します。

第235回ロトセブンの次回の20日抽選は第261回、次回の10月20日金曜日は第545回となります。

ここで次々回の20日、第274回（H.30　7/20）、

次々回の10月20日金曜日第802回（2028年10月20日金曜日）に着眼すると。

次々回の（20日）―第274回（H.30　7/20）

第274回ロトシックス――04　05　14　27　31　~~39~~（06）
第274回ミニロト――07　08　09　16　25（12）

次々回の10月20日金曜日（2028年10月20日金曜日）802回

第802回ロトシックス――09　13　18　19　25　30（15）
第802回ミニロト――05　09　21　29　31（06）

〈参考までに〉

第218回抽選時の出現ランキングとデータボックス1を以下に示します。

（平成29年6月23日実施）

〈23日の第218回抽選前迄の出現ランキング第218回抽選数字に印〉

4回	13 30
3回	05 12 14 33
2回	09 19 22 25 31 34 35 37
1回	01 02 03 04 07 08 10 11 15 16 17 20 21 26 27 28 32 36
0回	06 18 23 24 29

※）以上で、23日出現数字では30が最多となりました。

末尾分析上でも0が最小の2回出現で、5回はずれであった為、十分出現が想定可能であったと思われます。

そして、23日抽選で未出現であった29が出現しています。

29はデータボックス1の出現ランキングでは頻出数字でしたが、ランキング表作成により、全体像を把握する重要性を感じました。

〈第218回抽選時のデータボックス1〉

1位	5回	22 31
2位	4回	07 08 16 29
3位	3回	09 10 11 12 20 21 25 27 28 33
4位	2回	03 04 13 15 19 23 24 26 30 37
5位	1回	01 02 05 06 17 18 32 34 36
6位	0回	14 35

以上の様になりますが、因みに16は集団分析上4回はずれであった[16－18]、ゲイル理論上では、はずれ回数で前回のはずれ回数ラインにも登場、五黄殺6と重要数字でした。

2）100回後をデータボックス2と共に解析

〈100回周期〉第235回の出現数字に○印をします。

第135回（H.27 11/13）　08　09　13　14　24　32　34（03）（04）

前回

第35回　（H.25 11/29）　01　16　18　19　25　30　34（26）（36）

34が3回連続出現！　因みに34は10月第3週金曜日の最強数字でもあります。

第235回ロトセブン（平成29年10月20日実施）の100回後の抽選は第335回（2019年｛天皇陛下の生前退位の関係上、西暦で表示します。｝9月20日）となります。

データボックス1での、抽選日、次回の20日に着眼した理論と同様に、本題では、前述した第335回ロトセブン（2019年9月20日実施）を基準とします。

すなわち、ここでは第335回ロトシックス・ミニロトの抽選番号、過去のロトシックス・ミニロトの9月20日の抽選番号、そして、ロトセブンの過去の9月20日の抽選番号。

実は第211回から、ロトセブンも回数を重ねてきた関係上、100回後の過去の同一日が存在し始めたのです。

以降に詳細に示します。

［データボックス2］

第235回の100回後は、第335回

第335回ロトシックス　04　05　10　23　36　42（08）

第335回ミニロト　14　16　23　25　31（22）

［過去のロトシックス（9/20）］

第51回　（H.13 9/20）　07　15　24　37　38　41（34）

第361回（H.19 9/20）　01　21　28　30　37　43（31）

第695回（H.24 9/20）　04　07　11　12　13　19（27）

［過去のミニロト（9/20）］

第322回（H.17 9/20）　05　08　10　28　31（02）

第632回（H.23 9/20）　06　14　15　25　26（13）

第890回（H.28 9/20）　01　07　12　24　31（06）

過去のロトセブン（9/20）

★第25回（H.25 9/20）　01　06　11　16　17　18　21（10）（24）

〈100回周期説パターン35出現ランキング（第35回・135回終了時点）〉

第235回出現数字に〇印をします。

1位　2回　34

2位　1回　01　03　04　08　09　13　14　16　18　19　24　25　26　30　32　36

3位　0回　02　05　06　07　10　11　12　15　17　20　21　22　23　27　28　29　31　33　35　37

〈データボックス2出現ランキング〉

第235回出現数字に〇印をします。

1位　4回　31

2位　3回　01　06　07　10　24

3位　2回　04　05　08　11　12　13　14　15　16　21　23　25　28　37

4位　1回　02　17　18　19　22　26　27　30　34　36

5位　0回　03　09　20　29　32　33　35

そして以下をご覧下さい！

第211回ロトセブン　07　15　22　25　31　32　35（29）（36）

→100回後311回ロトセブン（2019年4月5日）であり、過去のロトセブン4月5日

第1回（H.25 4/5）　07　10　12　17　23　28　34（03）（15）

第212回ロトセブン　04　06　10　19　20　24　29（01）（27）

→100回後は312回ロトセブン（2019年4月12日）であり、過去のロトセブン4月12日は

第2回（H.25 4/12）　20　24　29　31　33　34　35（12）（32）

第213回ロトセブン　05　13　15　18　19　24　35（20）（23）

→100回後は313回ロトセブン（2019年4月19日）であり、過去のロトセブン4月19日は

第3回（H.25 4/19）　02　07　08　11　14　△23　31（◎05）（◎15）

第214回ロトセブン　02　06　09　12　31　36　37（03）（22）

→100回後は314回ロトセブン（2019年4月26日）であり、過去のロトセブン4月26日は

第4回（H.25 4/26）　◎12　13　△22　23　24　28　29（◎02）（14）

第215回ロトセブン　11　12　13　21　29　36　37（07）（09）

→100回後は315回ロトセブン（2019年5月3日）であり、過去のロトセブン5月3日は

第5回（H.25 5/3）　01　03　04　05　16　◎21　28（22）（31）

第216回ロトセブン　09　14　22　24　25　36　37（08）（28）

→100回後は316回ロトセブン（2019年5月10日）であり、過去のロトセブン5月10日は

第6回（H.25 5/10）　05　15　19　23　30　34　35（06）（◎25）

第217回ロトセブン　04　06　26　27　28　35　36（24）（34）

→100回後は317回ロトセブン（2019年5月17日）であり、過去のロトセブン5月17日は

第7回（H.25 5/17）　01　03　05　07　◎27　29　33（◎06）（15）

第218回ロトセブン　15　16　17　21　26　29　30（10）（34）

→100回後は318回ロトセブン（2019年5月24日）であり、過去のロトセブン5月24日は

第8回（H.25 5/24）　02　◎21　28　◎29　◎30　32　36（06）（08）

第219回ロトセブン　06　09　13　14　21　25　31（02）（04）

→100回後は319回ロトセブン（2019年5月31日）であり、過去のロトセブン5月31日は

第9回（H.25 5/31）　03　△04　15　23　27　30　36（◎13）（35）

第220回ロトセブン　07　09　11　18　25　28　35（20）（27）

→100回後は320回ロトセブン（2019年6月7日）であり、過去のロトセ

ブン6月7日は
第10回(H.25 6/7)　01　02　03　06　24　[28]　30 (16) ([△20])

第221回ロトセブン　01　02　09　11　17　30　35 (13) (36)
→100回後は321回ロトセブン（2019年6月14日）であり、過去のロトセブン6月14日は
第11回(H.25 6/14)　[09]　15　26　29　32　34　[△36] (14) ([35])

第222回ロトセブン　03　09　18　21　23　27　29 (35) (37)
→100回後は322回ロトセブン（2019年6月21日）であり、過去のロトセブン6月21日は
第12回(H.25 6/21)　11　12　14　19　26　[27]　33 (24) (32)

第223回ロトセブン　10　13　19　21　26　33　34 (24) (25)
→100回後は323回ロトセブン（2019年6月28日）であり、過去のロトセブン6月28日は
第13回(H.25 6/28)　06　[10]　16　[21]　27　28　35 (15) ([34])

第224回ロトセブン　02　04　07　10　12　29　34 (01) (21)
→100回後は324回ロトセブン（2019年7月5日）であり、過去のロトセブン7月5日は
第14回(H.25 7/5)　[04]　[07]　08　09　24　28　30　[34] (36)

第225回ロトセブン　13　15　17　18　20　21　26 (25) (29)
→100回後は325回ロトセブン（2019年7月12日）であり、過去のロトセブン7月12日は
第15回(H.25 7/12)　02　10　14　[17]　23　[△25]　35 (08) ([△29])

第226回ロトセブン　12　17　21　24　26　30　32 (10) (22)
→100回後は326回ロトセブン（2019年7月19日）であり、過去のロトセブン7月19日は、
第16回(H.25 7/19)　05　06　09　13　16　[21]　23 (08) (34)

第227回ロトセブン　　02　03　07　09　22　23　26（29）（30）

→100回後は327回ロトセブン（2019年7月26日）であり、過去のロトセブン7月26日は

第17回（H.25 7/26）　[02]　[03]　05　[22]　34　36　37（[07]）（15）

第228回ロトセブン　　06　11　14　21　24　28　31（22）（36）

→100回後は328回ロトセブン（2019年8月2日）であり、過去のロトセブン8月2日は

第18回（H.25 8/2）　12　17　[21]　[24]　29　[31]　△36（20）（26）

第229回ロトセブン　　02　03　09　30　33　36　37（01）（32）

→100回後は329回ロトセブン（2019年8月9日）であり、過去のロトセブン8月9日は

第19回（H.25 8/9）　[02]　14　19　20　21　22　31（△01）（15）

第230回ロトセブン　　03　05　08　15　22　25　27（18）（31）

→100回後は330回ロトセブン（2019年8月16日）であり、過去のロトセブン8月16日は

第20回（H.25 8/16）　02　[05]　13　20　21　23　28（11）（[22]）

第231回ロトセブン　04　15　18　24　25　34　36（10）（28）

→100回後は331回ロトセブン（2019年8月23日）であり、過去のロトセブン8月23日は

第21回（H.25 8/23）01　09　13　[15]　[25]　30　33（19）（△28）

第232回ロトセブン　　02　04　07　09　15　35　37（10）（23）

→100回後は332回ロトセブン（2019年8月30日）であり、過去のロトセブン8月30日は

第22回（H.25 8/30）　[02]　[04]　08　[09]　[15]　△23　25（03）（△10）

第233回ロトセブン　　03　13　17　25　26　27　29（08）（37）

→100回後は333回ロトセブン（2019年9月6日）であり、過去のロトセブン9月6日は

第23回（H.25 9/6）　　　04　△08　11　㉕　28　㉙　30　(14)　(32)

第234回ロトセブン　　　07　14　15　16　23　25　30　(05)　(34)
　→100回後は334回ロトセブン（2019年9月13日）であり、過去のロトセ
　　ブン9月13日は
第24回（H.25 9/13）　　04　△05　08　10　⑯　19　33　(02)　(29)

　以上が「100回後の過去のロトセブン同一日理論」です。
　26回を通して過去の同一日のロトセブンに出現した本数字のみならずボー
ナス数字も根強く第211回〜第235回迄に本数字またはボーナス数字として出
現しているのです。
　重視すべきだと考えます。

　次にロトシックス・ミニロトの次々回理論では、第235回の200回後すなわ
ち、第435回と同数回のロトシックス・ミニロトの抽選番号は、
・第435回　　　ロトシックス──⑫　△11　12　28　35　37　(27)
・第435回　　　ミニロト──　　08　19　22　25　27　(06)

3）10回後をデータボックス3と共に解析

直近3回と〈第235回の60回前の175回と100回前の135回も参考に〉第235回の当選数字に○印をしました。

13が〈前回、前々回〉と100回前の第135回に出現。

〈××5回〉

第225回（H.29 8/11）　13　15　17　18　20　21　26（25）（29）
前回　3回前　前回　3回前（ボ）　前回（本）

第215回（H.29 6/2）　11　12　13　21　29　36　37（07）（09）
3回前（ボ）　〈前々回、3回前〉　3回前　前回　前回　前々回（本）

〈前回（ボ）、3回前〉　3回前
第205回（H.29 3/24）　04　05　19　31　35　36　37（27）（32）
〈前回、前々回〉　〈前回、3回前〉

3回前（ボ）　前々回（本）
第195回（H.29 1/13）　04　07　12　20　23　24　31（26）（35）
前回　前回（ボ）　前々回　前回（本）

第185回（H.28 11/4）　01　02　04　16　26　29　34（11）（12）
3回前　前々回　3回前　前々回（ボ）

60回前
前々回（ボ）
[第175回]（H.28 8/26）　06　17　21　31　33　35　37（14）（18）←〈前回（本）前々回（本）3回前（本）〉
前回（ボ）　3回前　前回（本）

第165回（H.28 6/17）　09　11　14　15　16　18　27（06）（20）
〈前回、3回前〉　3回前　〈前回、前々回〉

第155回（H.28 4/8）　02　09　13　18　22　24　26（10）（37）
前々回　前々回　前回　前々回　前回（本）

〈前々回（本）〉
第145回（H.28 1/29）　10　12　18　28　29　30　35（04）（19）
前回（ボ）　前々回　前々回　前回（本）

〈前回、前々回〉
[第135回]（H.27 11/13）　08　09　13　14　24　32　34（03）（04）
前々回　前々回　前々回（ボ）　3回前（本）

前々回
↓
第125回（H.27 9/4）　01　06　11　14　19　28　35（18）（21）
↑3回前　↑前回　↑〈前回、3回前〉　↑前々回　↑3回前（本）　↑前々回（ボ）

〈前回、3回前（ボ）〉
↓
第115回（H.27 6/26）　06　08　13　14　20　25　27（24）（26）←〈前回（本）、前々回（ボ）、3回前（本）〉
↑3回前　↑前々回　↑前々回　↑前回

〈前回（ボ）、前々回〉
↓
第105回（H.27 4/17）　03　15　19　20　26　28　33（17）（21）
↑3回前　↑3回前　↑3回前（ボ）　↑3回前（本）

第95回（H.27 2/6）　01　08　13　14　18　30　34（26）（36）
↑前回（ボ）　↑3回前（ボ）　↑前回（本）

〈前々回（本）3回前〉
↓
第85回（H.26 11/21）　06　07　10　11　22　26　35（14）（23）
↑前々回　↑前回（ボ）　↑前々回　↑前回　↑3回前（本）

〈前回、前々回〉
↓
第75回（H.26 9/12）　04　09　15　17　19　35　37（10）（20）
↑3回前　↑前々回

3回前（本）
↓
第65回（H.26 7/4）　04　07　12　22　23　24　28（25）（34）
↑前回　↑前回　↑前回　↑〈前々回（ボ）、3回前（本）〉

第55回（H.26 4/25）　04　12　14　17　23　30　36（13）（33）
↑3回前　↑前々回　↑前々回（ボ）　↑前回（本）

〈前回、前々回〉　〈前回、前々回〉
↓　↓
第45回（H.26 2/14）　01　02　09　18　21　27　33（25）（31）
↑3回前　↑前々回　↑〈前回（本）、3回前（本）〉

〈前回、3回前〉
↓
第35回（H.25 11/29）　01　16　18　19　25　30　34（26）（36）
↑〈前回、3回前〉　↑前回　↑前々回

第25回（H.25 9/20）　01　06　11　16　17　18　21（10）（24）
↑前々回　↑前々回　↑前回　↑前々回　↑前回（本）

第15回（H.25 7/12）　02　10　14　17　23　25　35（08）（29）

第5回（H.25 5/3）　01　03　04　05　16　21　28（22）（31）

〈××5回出現ランキング（第225回終了時点〉（235回抽選数字に印）

1位　10回　[18]

2位　9回　04　14　26
3位　8回　21　35
4位　7回　01　13　17
5位　6回　06　09　10　11　12　19　20　24　25
6位　5回　16　23　28　29　31　34　36　37
7位　4回　02　07　08　15　22　27　30　33
8位　3回　03
9位　2回　05　32

[データボックス3]—10回後版

第235回ロトセブン（平成29年10月20日実施）の10回後の抽選は第245回ロトセブン（平成29年12月29日）となります。

データボックス1、2と同様に解説を進めて参りたいと思います。

[データボックス3]

第235回の10回後は第245回（平成29年12月29日）となります。

第245回　ロトシックス——03　06　18　24　28　36（21）
第245回　ミニロト————01　10　14　21　28（23）

[過去のロトシックス（12/29）]

第271回（H.27 12/29）　09　10　19　25　40　41（08）
第620回（H.23 12/20）　07　10　13　19　31　38（12）
第929回（H.26 12/29）　10　12　15　25　31　34（26）
第1136回（H.28 12/29）　03　04　07　08　32　33（18）

[過去のミニロト（12/29）]

第542回（H.21 12/29）　03　09　11　20　27（21）
第852回（H.27 12/29）　02　09　15　18　22（12）
第245回（H.29 12月29日）の前回の29日
第232回（H.29 9/29）　02　04　07　09　15　35　37（10）（33）
第245回の100回前
第145回（H.28 1/29）　10　12　18　28　29　30　35（04）（19）←
第245回の60回前
第185回（H.28 11/4）　01　02　04　16　26　29　34（11）（12）

[ロトセブン上で10回後の100回前の数字、すなわち90回前の数字は非常に相性がよいと思われます。]

第245回の12回前
第233回（H.29 10/6）　03　13　17　25　26　27　29（08）（37）
第248回の前回の12月第5週金曜日
第193回（H.28 12/30）　04　06　20　21　22　24　31（09）（10）

〈データボックス3〉
1位　7回　10
2位　5回　04　09　12
3位　4回　03　18　21
4位　3回　02　07　08　15　19　25　26　28　29　31
5位　2回　01　06　11　13　20　22　24　27　33　34　35　37
6位　1回　14　16　17　23　30　32　36
7位　0回　05

〈次々回理論〉
第235回の20回後〈次々回の××5回〉の第255回のロトシックス・ミニロトの抽選数字
・第255回ロトシックス―06　07　12　17　34　42（08）
・第255回ミニロト―――12　17　20　27　29（18）

更に、〈××5回〉でも第5回から第235迄の抽選数字を提示し、宝田幸三先生の理論である前回から前々回、3回前までの引っ張り状況を確かめるべく、抽選数字の下段に更に提示して参りましたが、私の個人的な意見なのですが、〈前回・前々回〉〈前々回・3回前〉などという表現を目にした時、最新の抽選回を基準にした時、（抽選前の段階で、抽選数字は？？？？？？？？？）の段階です。

例えば〈前回と前々回〉〈前々回と3回前〉〈前回と3回前〉に共通して出現している数字は出現パーセンテージが上昇している数字ではないでしょうか。

前回、前々回、3回前のいずれかに出現して、他の2回に出現していない数字も出現パーセンテージが同様に上昇していると考えられないでしょうか。

各々の項目で〈前回と前々回に出現した数字〉〈前回と3回前に出現した数字〉〈前々回と3回前に出現した数字〉〈前回、前々回、3回前のみに出現した数字〉を把握しておくとよいのではないでしょうか。

4）60回周期をデータボックス4と共に解析

〈60回周期説〉

第235回の抽選数字に○印をしました。

現在の時点で13と33は60回周期パターン55の最強数字といえます。

第175回	（H.28 8/26）	06 ↑ 前回	17 ↑ 前々回	21	31	33 ↑ 前々回（ボ）	35	37	（14） ↑ 〈前回（本）、前々回〉	（18）
第115回	（H.27 6/26）	06	08	前回（ボ） ↓ 13	14 ↑ 前回	20	25	27	（24）	（26）
第55回	（H.26 4/25）	04	12	14	17	23	30	36	（13）	（33）

データボックス4 —60回周期説

60回周期説上で〈第1回→第61回→第121回→第181回〉の60回後ごとの推移をパターン1と呼びます。

上記は第1回から数えて55番目に当たるのでパターン55と呼びます。第235回の抽選数字は、02　09　13　18　21　33　34（03）（11）ですが、第235回が終了した時点で13、33そして第235回には未出現であった14が4回中3回と最多となり、60回周期説には各々のパターンに強い数字が存在します。パターン55の最強数字は「13」「14」「33」と現段階では確認されます。更に02、03、09、11、34の各数字はパターン55では第235回で初登場でした。未出現の数字も狙い目ではないでしょうか。

第235回の60回後のロトセブンは第295回（平成30年12月14日）となります。

第295回	ロトシックス	09	12	18	20	37	~~43~~	（05）
第295回	ミニロト	08	14	16	17	26	（05）	

過去のロトシックス（12/14）

第11回	（H.12　12/14）	12	26	32	37	~~40~~	~~42~~	（16）
第321回	（H.18　12/14）	21	29	31	36	~~38~~	~~41~~	（10）
第1028回	（H.27 12/14）	07	10	18	21	28	36	（~~40~~）

[過去のミニロト（12/14）]

第24回　（H.11 12/14）　12　14　19　26　28（15）
第282回（H.16 12/14）　01　[02]　[18]　27　29（[13]）
第592回（H.22 12/14）　05　06　23　25　26（14）

第295回ロトセブンの100回前。―第195回ロトセブン
第195回ロトセブン（H.29 1/13）04　07　12　20　23　24　31（26）（35）

〈データボックス4出現ランキング〉
第235回に出現した数字に○印をしました。

1位　5回　26
2位　4回　12
3位　3回　05　14　[18]
4位　2回　07　10　16　20　[21]　23　28　29　31　36　37
5位　1回　01　[02]　04　06　08　[09]　[13]　15　17　19　24　25　27　32　35
6位　0回　△03　△11　22　30　[33]　[34]

〈60回周期説（パターン55）出現ランキング〉―第175回終了時点
第235回に出現した数字に○印をしました。

1位　3回　14
2位　2回　06　[13]　17　[33]
3位　1回　04　08　12　[18]　20　[21]　23　24　25　26　27　30　31　35　36　37
4位　0回　01　[02]　△03　05　07　[09]　10　△11　15　16　19　22　28　29　32　[34]

〈次々回理論〉
第235回の120回後、第355回のロトシックス・ミニロトの抽選数字は、
第355回 ロトシックス――01　△11　24　26　36　37（~~39~~）
第355回 ミニロト――08　[09]　24　27　29（31）

5) 12回周期をデータボックス5と共に解析

　直近3回の抽選数字の内、第235回の抽選数字に○印をしました。「前回、3回前」に出現した13、3回前のみに出現した09が出現しています。
〈12回周期説〉

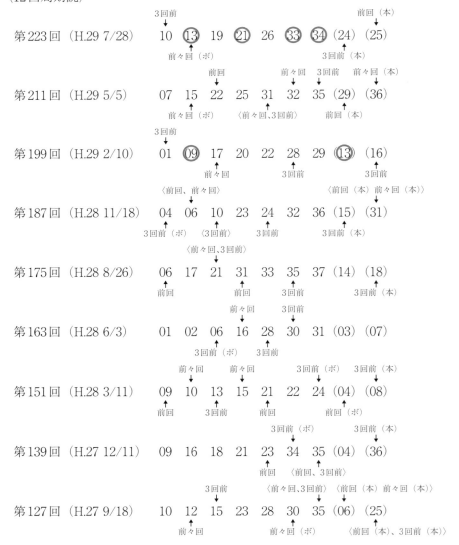

第115回（H.27 6/26）　06　08　13　14　20　25　27（24）（26）

↑3回前（ボ）　↑前々回　↑前々回　↑前々回（ボ）

前々回（ボ）↓

第103回（H.27 4/3）　02　03　11　12　22　35　36（30）（34）

↑前々回　↑3回前　↑〈前回、3回前〉

3回前↓　前々回↓　前々回（本）↓

第91回（H.27 1/9）　01　05　07　14　15　25　35（18）（24）

↑〈前回、前々回〉　↑前々回　↑前々回

〈前回、3回前〉↓　〈前回（ボ）、3回前〉↓

第79回（H.26 10/10）　02　04　07　09　21　29　37（06）（36）

↑〈前々回、3回前〉　↑3回前　↑前々回（本）

〈前回（ボ）3回前（本）〉↓

第67回（H.26 7/18）　07　11　15　17　18　25　35（06）（33）

↑前々回　↑前回　↑〈前々回〉

前々回↓　〈前回（ボ）、前々回（本）〉↓

第55回（H.26 4/25）　04　12　14　17　23　30　36（13）（33）

↑前回　↑3回前　↑前々回　↑〈前々回（本）〉

3回前↓　前回（本）↓

第43回（H.26 1/31）　04　06　07　08　24　31　37（05）（13）

↑3回前（ボ）　↑前々回　↑3回前（本）

第31回（H.25 11/1）　09　12　13　19　23　33　34（20）（32）

↑前回　↑前々回　↑前回（本）

前回（ボ）↓

第19回（H.25 8/9）　02　14　19　20　21　22　31（01）（15）

↑前回（本）

第7回（H.25 5/17）　01　03　05　07　27　29　33（06）（15）

[データボックス5]

第235回の12回後は第247回（平成30年1月12日実施）となります。

第247回 ロトシックス　08　16　30　32　34　39（13）
第247回 ミニロト　07　11　19　27　31（02）

過去のロトシックス（1/12）

第273回（H.18 1/12）　04　[18]　20　[21]　29　×40（37）
第623回（H.24 1/12）　07　08　16　35　×39　×42（[09]）
第932回（H.27 1/12）　04　15　30　37　×42　×43（32）
第1139回（H.29 1/12）　04　06　14　17　23　[33]（26）

過去のミニロト（1/12）

第544回（H.22 1/12）　△03　[09]　[18]　29　30（28）
第854回（H.28 1/12）　△03　16　22　23　31（10）

・前回の12日―第212回（H.29 5/12）
第212回　04　06　10　19　20　24　29（01）（27）
・100回前―第147回（H.28 2/12）
第147回　01　05　07　12　15　24　25（08）（14）
・60回前―第187回（H.28 11/18）
第187回　04　06　10　23　24　32　36（15）（31）
・前回の1月の2週金曜日―第195回（H.29 1/13）
第195回　04　07　12　20　23　24　31（26）（35）

〈12回周期説パターン7出現ランキング（第223回終了時点）〉

1位　9回　06
2位　8回　15
3位　7回　07　[13]　35
4位　6回　04　[21]　24　25　31　[33]　36
5位　5回　01　[09]　14　22　23
6位　4回　[02]　10　12　17　[18]　20　29　30　[34]
7位　3回　△03　05　08　16　19　25　32　37
8位　2回　△11　26　27

〈データボックス5出現ランキング〉

1位　6回　04
2位　4回　07　23　24　31
3位　3回　06　08　10　15　16　20　29　30　32
4位　2回　01　△03　[09]　12　14　[18]　19　26　27　35　37

5位　1回　02　05　11　13　17　21　22　25　28　33　34　36

〈次々回理論〉

第235回の24回後の第259回のロトシックス・ミニロトの抽選数字は

第259回　ロトシックス—01　12　15　23　34　42（27）

第259回　ミニロト———05　07　11　12　23（17）

「12回周期説」とは「60回周期説」と同様な推移パターンと考えて頂ければと思います。

「60」という数字が「還暦」であるならば、12は「1年間の月数」「十二支」など重要な意味を見出し、考察へと至りました。

6）九星六曜をデータボックス６と共に解析

〈八白・先負〉

直近3回に第235回に出現した数字に〇印をします。

〈前々回、3回前〉に出現した21、3回前に出現した18、33。

〈前回（本）、前々回（本）、3回前（本）〉

第181回（H.28 10/17）　07　08　10　13　19　23　24（15）（27）

3回前　3回前

3回前（ボ）　前々回（ボ）

第172回（H.28 8/5）　05　20　21　27　30　31　36（09）（26）

前回　〈前回、前々回〉　〈前々回（本）、3回前（本）〉

第142回（H.28 1/8）　06　12　14　18　21　27　28（01）（33）

3回前　3回前　前回　〈前回（本）、前々回（本）〉

〈前回、前々回〉　〈前回、前々回〉

第107回（H.27 5/1）　03　08　09　13　17　27　33（29）（31）

前回　〈前々回、3回前〉　前回

前回　前回（ボ）　前々回（本）

第98回　（H.27 2/27）　03　09　11　13　19　25　33（10）（30）

3回前　前回　前回（ボ）　前々回　3回前（本）

第90回　（H.26 12/26）　02　08　09　13　14　18　37（11）（25）

3回前　前回　3回前　〈前々回、3回前〉　前回（ボ）　3回前（ボ）

第63回　（H.26 6/20）　04　08　19　24　28　30　32（12）（37）

第54回　（H.26 4/18）　01　03　05　10　18　22　23（07）（35）

前回　前回

第45回　（H.25 2/14）　01　02　09　18　21　27　33（25）（31）

[データボックス６]

次回の八白・先負は第280回（平成30年8月31日実施）となります。

・第280回ロトシックス　06　12　26　37　~~38~~　~~39~~（25）

・第280回ミニロト　04　09　13　15　19（12）

・過去のロトシックス（8/31）

第306回（H.18 8/31）　　01　20　25　28　31　~~42~~　⑫

第998回（H.27 8/31）　　01　△03　12　19　26　29　(28)

第1205回（H.29 8/31）　12　25　26　32　35　~~42~~　⑫

・過去のロトシックス（8/31）

第11回　（H.11 8/31）　　17　⑱　19　20　30　(31)

第267回（H.16 8/31）　　08　14　15　19　25　(31)

第577回（H.22 8/31）　　05　10　㉑　24　25　⑬

前回の31日―第206回（H.29 3/31）

第206回（H.29 3/31）　　01　06　07　△11　27　35　36　(22)　(26)

100回前―第180回（H.28 9/30）

第180回（H.28 9/30）　　01　08　△11　㉑　23　25　28　(05)　(37)

60回前―第220回（H.29 7/7）

第220回（H.29 7/7）　　07　⑨　△11　⑱　25　28　35　(20)　(27)

前回の8月5週の金曜日

第73回　（H.26 8/29）　12　16　23　25　27　30　32　(28)　㉝

〈八白・先負ランキング（第181回終了時）〉

　第235回の出現数字に○印をしました。

1位　5回　⑨　27

2位　4回　08　⑬　⑱　㉝

3位　3回　01　△03　10　19　㉑　25　30　31

4位　2回　⑫　05　07　△11　12　14　23　24　28　37

5位　1回　04　06　15　17　20　22　26　29　32　35　36

6位　0回　16　㉞

〈データボックス　ランキング〉

　第235回の出現数字に○印をしました。

1位　8回　25

2位　5回　12　28

3位　4回　01　19　26

4位　3回　△11　20　27　31　35

5位　2回　⑫　05　06　07　08　⑨　⑬　15　⑱　㉑　23　30　32　37

6位　1回　△03　04　10　14　16　17　22　24　29　㉝　36

153

7位　0回　34

次々回の八白・先負（第289回）
第289回ロトシックス――07　09　12　17　34　38（03）
第289回ミニロト――――05　06　11　24　28（18）

7）九星をデータボックス7と共に解析

〈八白〉

第226回（H.29 8/18）	12	17	21	24	26	30	32	（10）	（22）
	↑前々回			↑前回（ボ）	↑前回		↑3回前（ボ）		↑前々回（ボ）
第217回（H.29 6/16）	04	06	26	27	28	35	36	（24）	（34）
	↑前々回	↑前回		↑前々回（ボ）		↑前々回	↑〈前回、前々回〉		
第214回（H.29 5/26）	02	06	09	12	31	36	37	（03）	（22）
					↑前回	↑前回	↑〈前回、前々回〉		
									前回（本）↓
第205回（H.29 3/24）	04	05	19	31	35	36	37	（27）	（32）
		↑3回前	↑前々回	↑3回前		↑3回前	↑前回	↑〈前々回（ボ）、3回前（本）〉	
			前回（ボ）↓					〈前回（本）、3回前（本）〉↓	
第196回（H.29 1/20）	07	13	15	25	30	32	37	（08）	（14）
	↑前回	↑前回			↑前々回	↑3回前	↑3回前		
		〈前々回（本）、3回前（ボ）〉↓				前回（ボ）↓		3回前（本）↓	
第181回（H.28 10/7）	07	08	10	13	19	23	24	（15）	（27）
			↑3回前	↑3回前			↑〈前々回、3回前〉		↑前回（本）
第172回（H.28 8/5）	05	20	21	27	30	31	36	（09）	（26）
			↑〈前々回、3回前〉	↑3回前			↑前回	↑〈前々回（本）〉	
			前回（ボ）↓						
第160回（H.28 5/13）	01	02	08	24	32	36	37	（23）	（33）
	↑前々回（ボ）			↑前回	↑3回前				↑前々回（ボ）
					〈前回、前々回〉↓			3回前（本）↓	
第151回（H.28 3/11）	09	10	13	15	21	22	24	（04）	（08）
			↑前々回						↑3回前（本）
第142回（H.28 1/8）	06	12	14	18	21	27	28	（01）	（33）
	↑3回前		↑3回前		↑前回	↑〈前回、前々回〉			

〈前回、3回前〉

第137回 （H.27 11/27）　13　19　21　25　27　32　35　(16)　(20)
　　　　　　　　　　　3回前　　　　　前々回　　前回　〈前回（ボ）、前々回（ボ）〉

〈前回（本）、前々回（本）、3回前（本）〉

第128回 （H.27 9/25）　02　04　08　23　26　27　32　(03)　(35)
　　　　　　　　　　　〈前回、前々回〉　　前々回　　　　前回（ボ）

〈前回、3回前〉

第119回 （H.27 7/24）　03　06　08　14　15　25　36　(24)　(35)
　　　　　　　　　　〈前回、前々回〉　3回前　　前々回

〈前々回、3回前〉〈前回、前々回〉

第107回 （H.27 5/1）　03　08　09　13　17　27　33　(29)　(31)
　　　　　　　　　　前回　〈前回、前々回〉　　　　前々回　3回前（本）

〈前回、3回前〉　前回　　前回（ボ）

第98回 （H.27 2/27）　03　09　11　13　19　25　33　(10)　(30)
　　　　　　　　　　　前回（ボ）　3回前　　3回前（ボ）

〈前々回、3回前〉

第90回 （H.26 12/26）　02　08　09　13　14　18　37　(11)　(25)
　　　　　　　　　　　前回　前々回　　　　　3回前　3回前（本）

第84回 （H.26 11/14）　08　16　23　28　29　35　36　(12)　(37)←〈前回（本）
　　　　　　　　　　3回前　　〈前々回、3回前〉　前回　3回前（ボ）　　　　前々回（本）
　　　　　　　　　　　　　　　　　　　　　　　　　　　　　　　　　　3回前（ボ）〉

3回前（ボ）　3回前（本）〈前回（ボ）〉

第75回 （H.26 9/12）　04　09　15　17　19　35　37　(10)　(20)
　　　　　　　　　　前々回　　　　　前々回　〈前回（本）、前々回（ボ）〉

3回前（ボ）　　　　前回（ボ）

第66回 （H.26 7/11）　01　11　25　28　31　33　37　(03)　(20)
　　　　　　　　〈前々回、3回前〉　　前々回　　3回前　前々回

3回前（本）

第63回 （H.26 6/20）　04　08　19　24　28　30　32　(12)　(37)
　　　　　　　　　　　　　3回前　　　　3回前（ボ）

3回前（ボ）

第54回 （H.26 4/18）　01　03　05　10　18　22　23　(07)　(35)
　　　　　　　　　　前回　　　　　　前回　〈前々回、3回前〉

156

〈前回、前々回〉
↓
第45回　（H.26 12/14）　01　02　09　18　21　27　33　(25)　(31)
　　　　　　　　　　　　　　　↑　　　　　　↑　↑　↑
　　　　　　　　　　　　前々回　　　3回前 3回前 前回 前々回

　　　　　　　　　　　　　　　　　　　　　↑　↑　↑　↑
第31回　（H.25 11/1）　09　12　13　19　23　33　34　(20)　(32)
　　　　　　　　　　　　↑　　　　　　　　前回　前々回（ボ）　3回前（ボ）
　　　　　　　　　　　前回

　　　　　　　　　　　　　　　〈前回（本）、3回前（ボ）〉
　　　　　　　　　　　　　　　　　　↓
第22回　（H.25 8/30）　02　04　08　09　15　23　25　(03)　(10)
　　　　　　　　　　　　↑　　　　　↑　　　↑
　　　　　　　　　　　前々回　　　前回　前々回

　　　　　　　　　　　　　　　前回（ボ）　　　　　〈前々回（ボ）〉
　　　　　　　　　　　　　　　　↓　　　　　　　　　↓
第13回　（H.25 6/28）　06　10　16　21　27　28　35　(15)　(34)
　　　　　　　　　　　　↑　↑　　　　　↑　　　　　　　↑
　　　　　　　　　　　前回 前々回　　〈前回、前々回〉　前々回（本）

　　　　　　　　　　　　　　　　　　　　　　↓
第10回　（H.25 6/7）　01　02　03　06　24　28　30　(16)　(20)
　　　　　　　　　　　　　　　↑　　　　↑
　　　　　　　　　　　　　前回（ボ）　前回

第1回　（H.25 4/5）　07　10　12　17　23　28　34　(03)　(15)

〈八白出現ランキング〉

1位　11回　08
2位　10回　△03　⑨　27
3位　9回　10　35　37
4位　8回　⑬　15　23　24　25　28　32
5位　7回　②　04　12　19　㉑　㉝　36
6位　6回　01　06　20　30　31
7位　4回　07　14　16　17　⑱　22　26　㉞
8位　3回　05　△⚠
9位　2回　29

　九星に入って参りましたが、九星には各々出現可能性が非常に高い下一桁が存在すると考えられています。
　因みに八白では2、六白では8と考えられます。

| データボックス7 |

　次回の八白は第250回（平成30年2月2日八白・仏滅）となります。
　第250回　ロトシックス—03　08　⑨　⑬　22　❌12　(⚠11)
　第250回　ミニロト———01　△03　⚠　12　31　(22)

157

過去のロトシックス（2/2）

第276回（H.18 2/2）　06　11　27　30　33　36（34）
第629回（H.24 2/2）　06　16　21　30　34　43（36）
第938回（H.27 2/2）　05　09　12　19　30　35（29）
第1145回（H.29 2/2）　01　04　15　18　25　28（36）

過去のミニロト（2/2）

第547回（H.22 2/2）　05　23　25　29　31（28）
第857回（H.28 2/2）　02　04　21　24　28（29）

第250回の前回の2日—第215回（H.29 6/2）
—第215回　11　12　13　21　29　36　37（07）（09）
第250回の100回前—第150回（H.28 3/4）
—第150回　06　07　14　20　27　31　34（11）（24）
第250回の60回前—第190回（H.28 12/9）
—第190回　02　11　12　18　21　33　36（08）（34）
第250回の前回の八白・仏滅—第205回（H.29 3/24）
—第205回　04　05　19　31　35　36　37（27）（32）
前回の2日の1週金曜日—第198回（H.29 2/3）
—第198回　18　21　31　32　33　36　37（05）（25）

〈データボックス出現ランキング〉

第235回出現数字に○印をします。

1位　7回　36
2位　6回　11
3位　5回　21　31
4位　4回　05　12　29　34
5位　3回　04　06　09　18　25　27　28　30　33　37
6位　2回　01　02　03　07　08　13　19　22　24　32　35
7位　1回　14　15　16　20　23
8位　0回　10　17　26

〈次々回理論〉

第235回の次々回八白（第259回）の

・第259回ロトシックス——01　12　15　23　㉞　~~42~~（27）
・第259回ミニロト———05　07　⚠　12　23（17）

8) 六曜をデータボックス8と共に解析

〈先負〉
　直近3回分の内第235回の当選数字に〇印をしました。△はボーナス数字
〈前々回、3回前〉に出現した13が出現。〈前回、3回前〉に出現した34が出現。
3回前に出現した03がボーナス数字で出現。

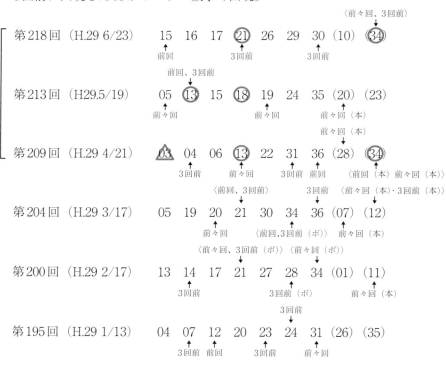

　　　　　　　　　　　　　　　　3回前　　　　　　前回
第190回（H.28 12/9）　02　11　12　18　21　33　36　（08）（34）
　　　　　　　　　　　　　3回前　　　　　前回（ボ）　　前々回（本）

　　　　　　　　　　　　　　　　前回　　　　　3回前（本）
第186回（H.28 11/11）　05　14　16　19　31　33　37　（21）（28）
　　　　　　　　　　3回前　前々回（ボ）　3回前

　　　　　　　　　　　　　　　　　　　　　　〈前々回本・3回前（本）〉
第181回（H.28 10/7）　07　08　10　13　19　23　24　（15）（27）
　　　　　　　　　　　　　　　　　　　　前回（ボ）

　　　　　　　　　　〈前々回・3回前（ボ）〉　　3回前
第176回（H.28 9/2）　01　11　12　17　22　30　35　（15）（16）
　　　　　　　　前々回（ボ）　　　　　　前回

　　　　　　　　　　前々回　〈前回、3回前〉
第172回（H.28 8/5）　05　20　21　27　30　31　36　（09）（26）
　　　　　　　　3回前　　　前回　〈前々回、3回前〉　前回（本）

　　　　　　　　　　　　　3回前　　　　前回　3回前（本）
第142回（H.28 1/8）　06　12　14　18　21　27　28　（01）（33）
　　　　　　　　3回前（ボ）、前回（ボ）　〈前々回　3回前（ボ）〉

　　　　　　　　　　　　　　　　　　　　　　前回（ボ）
第134回（H.28 11/6）　04　09　20　28　30　34　35　（12）（29）
　　　　　　　　3回前（ボ）　　　前回　〈前回（ボ）・3回前（本）〉

　　　　　　　　　　　〈前回（ボ）、3回前（本）〉
第129回（H.28 10/2）　05　07　11　19　24　27　30　（29）（35）
　　　　　　　　　　　　　3回前（ボ）　　　　前々回（本）

　　　　　　　　　　前回　　　　　前回（ボ）　前回（本）
第124回（H.27 8/28）　01　02　15　17　18　22　36　（06）（27）
　　　　　　　　3回前（ボ）　　　前回　　　前々回（本）

　　　　　　　　　　　　　　前回（ボ）　〈前々回（本）、3回前（本）〉
第120回（H.27 7/31）　02　16　18　26　32　35　37　（09）（36）

　　　　　　　　〈前々回、3回前（ボ）〉　〈前々回、3回前〉
第115回（H.27 6/26）　06　08　13　14　20　25　27　（24）（26）
　　　〈前回（本）、前々回（本）3回前（本）〉3回前（ボ）　前回（本）

第111回 （H.27 5/29）　07　08　09　24　28　30　33　(01)　(34)
〈前回、3回前〉→09　3回前（ボ）→30　前々回（本）→33
〈前回、前々回〉←08　前々回←30　〈前回、3回前〉←33

第107回 （H.27 5/1）　03　08　09　13　17　27　33　(29)　(31)
前回→08　〈前回（ボ）、前々回〉→09　前回→17　前回（本）→33
前々回←03　前々回←09　3回前←17　前々回←33　〈前回（本）、3回前（ボ）〉←31

第102回 （H.27 3/27）　01　04　08　27　28　29　31　(13)　(25)
前々回（ボ）→08　〈前回（本）、3回前（ボ）〉→29
3回前←08　〈前回（本）、3回前（本）〉←29

第98回 （H.27 2/27）　03　09　11　13　19　25　33　(10)　(30)
〈前々回・3回前（ボ）〉→11　前々回→19　3回前（本）→33
3回前←09　〈前回・前々回（ボ）〉←13　前々回（ボ）←25　前回（本）←33

第93回 （H.27 1/23）　02　05　11　14　17　30　32　(31)　(37)
前回→14　前々回→32
前回←02　前回（ボ）←11　3回前←30　前回（本）←32

第90回 （H.26 12/26）　02　08　09　13　14　18　37　(11)　(25)
前々回（本）→11　〈前回（本）、前々回（本）、3回前（本）〉→37
〈前回（ボ）、3回前（ボ）〉←09　3回前（本）←18

第81回 （H.26 10/24）　01　03　10　18　28　31　35　(09)　(21)
前々回→28　前々回（ボ）→35
〈前回、前々回、3回前〉←18　3回前（本）←28　前々回（ボ）←35

第76回 （H.26 9/19）　04　13　18　29　32　34　36　(24)　(33)
〈前回、前々回〉→18　3回前（本）→32
3回前←04　〈前回、3回前〉←29　前々回（ボ）←36

第72回 （H.26 8/22）　11　12　18　19　20　31　32　(09)　(21)
前々回（ボ）→18　前々回→19
〈前回、3回前（ボ）〉←18　前回←19　〈前々回、3回前〉←31

第67回 （H.26 7/18）　07　11　15　17　18　25　35　(06)　(33)
前々回（ボ）→15　3回前（ボ）→25　前々回（本）→35
〈前回、3回前（ボ）〉←11　3回前←18　前々回（ボ）←35

第63回 （H.26 6/20）　04　08　19　24　28　30　32　(12)　(37)
3回前→24　3回前（本）→32
〈前回、3回前〉←08　前回←28

前回（ポ）　　　前回　　　　前々回（本）
第58回　（H.26 5/16）　　01　06　07　08　23　32　33　（11）（34）
〈前回、3回前〉　　　前々回　　　3回前

前々回　　　　　3回前（ポ）
第54回　（H.26 4/18）　　01　03　05　10　18　22　23　（07）（35）
前々回　　　　　　　　3回前

前々回　　　　前回　　前回（本）
第49回　（H.26 3/14）　　08　11　12　17　24　26　27　（14）（21）
3回前　　　　　前々回　3回前（本）

前々回（ポ）
第45回　（H.26 2/14）　　01　02　09　18　21　27　33　（25）（31）
前回　　　3回前　　3回前　　　前回（本）

3回前（ポ）　　　前々回（ポ）
第40回　（H.26 1/10）　　02　06　11　23　26　31　34　（07）（20）
3回前　　　　　前々回（ポ）　前回（本）、3回前（本）

〈前回、3回前〉　　前々回　　前回（本）、3回前（本）
第37回　（H.25 12/13）　07　08　10　13　14　19　37　（29）（33）
前々回　　　3回前（ポ）〈前回、前々回〉

〈前回、3回前（ポ）〉　　前回
第32回　（H.25 11/8）　　03　08　15　18　27　29　37　（31）（34）
前々回　　　　前々回　3回前（本）

前々回　　　　　前回（本）
第28回　（H.25 10/11）　06　07　12　15　19　35　37　（01）（11）
前々回（ポ）　　前々回（ポ）

第23回　（H.25 9/6）　　04　08　11　25　28　29　30　（14）（32）
前回（本）

第19回　（H.25 8/9）　　02　14　19　20　21　22　31　（01）（15）

─────────────────────────

データボックス8

第235回の次回の先負は、第244回（平成29年12月22日）となります。

第244回　ロトシックス──11　12　30　36　38　39　（37）

第244回　ミニロト────06　11　21　22　25　（15）

過去のロトシックス（12/22）

第270回（H.17 12/22）　17　19　21　29　33　38（30）
第618回（H.23 12/22）　04　15　21　31　35　42（13）
第927回（H.26 12/22）　02　29　30　31　33　34（37）
第1134回（H.28 12/22）　05　06　12　14　30　38（29）

過去のミニロト（12/22）

第541回（H.21 12/22）　01　09　10　16　23（30）
第851回（H.27 12/22）　10　19　20　24　31（23）

第244回（平成29年12月22日）の前回の22日
—第231回(H.29 9/22)　04　15　18　24　25　34　36（10）（28）
第244回の100回前
—第144回(H.28 1/22)　02　09　13　18　22　32　36（17）（26）
第244回の10回前
—第234回(H.29 10/13)　07　14　15　16　23　25　30（05）（34）
第244回の60回前
—第184回(H.28 10/28)　07　14　18　22　23　26　34（02）（32）
第244回の12回前
—第232回(H.29 9/29)　02　04　07　09　15　35　37（10）（23）
第244回の前回の二黒・先負
—第190回(H.28 12/9)　02　11　12　18　21　33　36（08）（34）
第244回の前回の12月第4週金曜日
—第192回(H.28 12/23)　12　13　14　19　25　33　34（03）（22）

〈データボックク8の出現ランキング〉

第235回の出現数字に○印をします。

1位　6回　30　[34]
2位　5回　[02]　15　23
3位　4回　10　12　14　[18]　[21]　22　25　[33]　36
4位　3回　04　07　[09]　△11　[13]　19　29　31　37
5位　2回　05　06　16　17　24　26　32　35
6位　1回　01　△03　08　20　28
7位　0回　27

〈先負出現ランキング〉（第218回終了時点）

第235回の出現数字に○印をします。

14回　△11
13回　08　[18]　31
12回　01　[21]　27
11回　07　[13]　19　30　[33]　[34]
10回　[09]　12　14　28　35
9回　15　20　24　29
8回　[02]　06　17　37
7回　04　05　25　26　32　36
6回　△03　10　23
5回　22
4回　16

第235回の次々回先負（第249回）
第249回　ロトシックス―01　△03　17　23　[33]　35（[18]）
第249回　ミニロト―――[09]　△11　12　18　20（07）

9）第何週金曜日をデータボックス9と共に解析

〈第3週金曜日〉

前々回（本）

第230回（H.29 9/15）　03　05　08　15　22　25　27（18）（31）

前々回　前回（ボ）〈前々回、3回前〉

〈前々回（ボ）、3回前〉

第226回（H.29 8/18）　12　17　21　24　26　30　32（10）（22）

前回　前々回

前々回（ボ）

第222回（H.29 7/21）　03　09　18　21　23　27　29（35）（37）

3回前　前々回　前回〈前回（本）、前々回（本）〉

前々回　前回　前回（本）

第217回（H.29 6/16）　04　06　26　27　28　35　36（24）（34）

前々回　〈前々回（ボ）〉〈前々回、3回前〉〈前々回（ボ）
3回前（本）〉

第213回（H.29 5/19）　05　13　15　18　19　24　35（20）（23）

前々回〈前回、3回前〉　前々回　前々回（本）

前々回（本）

第209回（H.29 4/21）　03　04　06　13　22　31　36（28）（34）

〈前々回、3回前〉　前回　〈前回（本）前々回（本）

〈前々回〉

第204回（H.29 3/17）　05　19　20　21　30　34　36（07）（12）

〈前回、3回前〉　前回　〈前々回（本）、3回前（ボ）〉

前回（ボ）　前々回

第200回（H.29 2/17）　13　14　17　21　27　28　34（01）（11）

前回　前々回

前回（ボ）前々回　3回前

第196回（H.29 1/20）　07　13　15　25　30　32　37（08）（14）

前回（ボ）　〈前回、前々回（ボ）、3回前〉　前回（本）

前回　前々回（ボ）

第191回（H.28 12/16）　08　15　21　24　26　27　29（07）（30）

〈前回（ボ）、前々回、3回前〉〈前々回、3回前〉

第187回 （H.28 11/18）　　04　06　10　23　24　32　36　（15）　（31）

（上）3回前（ボ）→06　3回前→10　3回前→32　〈前回（本）、前々回、3回前〉→（31）
（下）〈前回、前々回〉→06　3回前→23　前々回→36　3回前（本）→（31）

第183回 （H.28 10/21）　　06　15　20　26　33　34　37　（19）　（29）

（上）〈前回、前々回〉→06　〈前回、3回前（ボ）〉→26　前回（ボ）→37
（下）前回→06　3回前→20　前回→34　前々回（ボ）→（29）

第178回 （H.28 9/16）　　06　09　11　15　26　34　36　（13）　（37）

（上）3回前→11　〈前回、3回前〉→26
（下）3回前（ボ）→06　3回前→11　前々回（ボ）→26　前回（本）→（13）

第174回 （H.28 8/19）　　10　13　14　15　23　31　32　（64）　（29）

（上）前々回→14
（下）前回→10　〈前々回、3回前〉→14　3回前（ボ）→（64）

第169回 （H.28 7/15）　　01　05　10　20　21　28　30　（25）　（26）

（下）〈前回（ボ）、前々回〉→20　前回（ボ）→30

第165回 （H.28 6/17）　　09　11　14　15　16　18　27　（06）　（20）

（上）前々回→09　前々回→16　3回前（ボ）→（06）
（下）前回→14　前回→18　前回（本）→（06）

第161回 （H.28 5/20）　　08　14　17　18　20　22　34　（04）　（30）

（上）3回前→20　〈前回、3回前〉→22
（下）前々回→08　〈前回（ボ）、前々回〉→17　前回→22　前回→（04）　〈3回前（本）〉→（30）

第156回 （H.28 4/15）　　04　09　16　19　22　33　34　（17）　（36）

（上）前々回→14（16）　前々回→34
（下）3回前（ボ）→04　前々回→16　〈前々回（ボ）、3回前〉→33　前回（本）→34

第152回 （H.28 3/18）　　08　12　17　21　23　24　31　（06）　（07）

（上）〈前回（ボ）、3回前〉→17
（下）前々回→08　3回前→17　前々回（ボ）→31

第148回 （H.28 2/19）　　01　09　11　16　20　30　34　（12）　（33）

（上）前々回→11　〈前回（本）、前々回（ボ）、3回前〉→（33）
（下）〈前回、前々回（ボ）〉→11　3回前→30　前々回→34

第143回 （H.28 1/15）　　01　03　08　14　28　29　33　（04）　（31）

（上）〈前回、3回前〉→08　3回前（本）→29
（下）前回（ボ）→01　〈前回（ボ）、前々回〉→29　〈前々回（ボ）、3回前〉→33

〈前々回、3回前〉

第140回　（H.27 12/18）　03　11　12　13　17　26　35　（01）（33）
　　　　　　　　　　　　前々回　　　　　〈前回、前々回〉　3回前　　前回（本）

第136回　（H.27 11/20）　10　17　24　27　30　33　37　（18）（31）
　　　　　　　　　　　　前々回　前回　　　　前々回　　　　　　　前回（ボ）

　　　　　　　　　　　　　　　　　　　　　　前々回

第131回　（H.27 10/16）　03　04　12　17　32　34　36　（23）（31）
　　　　　　　　　　　　前々回　　　前回　　　　前々回　〈前回（本）、前々回（ボ）〉

　　　　　　　　　　　　　　前回（ボ）　　　前々回

第127回　（H.27 9/18）　10　12　15　23　28　30　35　（06）（25）
　　　　　　　　　　3回前（ボ）　〈前回（ボ）、前々回、3回前〉

　　　　　　　　　　　　　　〈前回、前々回〉　　　　〈前回（本）、前々回（本）〉

第123回　（H.27 8/21）　01　03　05　08　29　34　36　（23）（28）
　　　　　　　　　　　　前回　　　前々回　　　3回前（ボ）

　　　　　　　　　　　　前々回　〈前回、3回前〉

第118回　（H.27 7/17）　05　08　09　24　27　28　30　（16）（20）
　　　　　　　　　　　　前回　　　　前回　　　前々回　〈前々回、3回前〉

　　　　　　　　　　　　　　〈前々回、3回前〉

第114回　（H.27 6/19）　08　13　26　27　28　29　37　（04）（12）
　　　　　　　　　　　　前々回　　　　　　3回前　　〈3回前（本）〉

　　　　　　　　　　　　前回　　　3回前　　　　　前々回（本）

第109回　（H.27 5/15）　06　17　20　21　24　30　32　（07）（23）
　　　　　　　　　　前回（ボ）　〈前回（ボ）、前々回〉　3回前（本）

　　　　　　　前回（ボ）　　　　　　　前回　　　　前回（本）

第105回　（H.27 4/17）　03　15　19　20　26　28　33　（17）（21）
　　　　　　　　　　　　3回前　　　　3回前

　　　　　　　　　　　　　　　　3回前　3回前（本）

第101回　（H.27 3/20）　11　12　21　23　28　36　37　（03）（16）
　　　　　　　　〈前々回（ボ）、3回前〉　3回前　　　前回（本）

　　　　　　　　　　　　　　　　　　　　　前回（本）

第97回　（H.27 2/20）　07　13　14　16　22　24　35　（01）（29）
　　　　　　　　　　　3回前　3回前（ボ）　3回前　3回前　前々回

168

| | | | | | | | | | | 〈前回、前々回〉 | | 3回前（本） |
| | | | | | | | | | | ↓ | | ↓ |
第92回　（H.27 1/16）　　04　05　15　25　26　29　32　（11）　（27）
　　　　　　　　　　　　　　　↑3回前　　　↑3回前　〈前々回（ボ）、〈前回（ボ）、前々回〉
　　　　　　　　　　　　　　　　　　　　　　　　　　3回前〉
　　　　　　　　　　　　　　　　　　　　　　　　　↓　↓

第89回　（H.26 12/19）　01　03　11　26　28　34　36　（17）　（20）
　　　　　　　　　　　　　　　　　↑前回　↑前回　　　　↑3回前

第85回　（H.26 11/21）　06　07　10　11　22　26　35　（14）　（23）
　　　　　　　　　　　　↑3回前　　↑前回　　　　　　　↑3回前

　　　　　　　　　　　　　　　　〈前回、3回前〉　　　〈前回（本）、前々回（本）〉
　　　　　　　　　　　　　　　　↓　　　　　　　　　↓
第80回　（H.26 10/17）　02　05　10　18　21　24　27　（25）　（34）
　　　　　　　　　　　前々回（ボ）　　　　　↑前回（ボ）　↑3回前（本）

　　　　　　　　　　　　　　　　　　　　　　　　　　　　　前々回（ボ）
　　　　　　　　　　　　　　　　　　　　　　　　　　　　　↓
第76回　（H.26 9/19）　04　13　18　29　32　34　36　（24）　（33）
　　　　　　　　　　　↑3回前　↑前回　↑前々回　↑前回　↑3回前　↑前回　↑3回前（本）

　　　　　　　　　　　　〈前回（ボ）、3回前〉　　〈3回前（ボ）　前々回（ボ）
　　　　　　　　　　　　↓　　　　　　　　　　↓　　　　　↓
第71回　（H.26 8/15）　01　06　13　29　34　35　37　（02）　（15）
　　　　　　　　　　　↑3回前　　　　　　　　↑前回　　　↑前回（本）

　　　　　　　　　　　〈前々回、3回前（ボ）〉　　　　　　前々回
　　　　　　　　　　　↓　　　　　　　　　　　　　　　　↓
第67回　（H.26 7/18）　07　11　15　17　18　25　35　（06）　（33）
　　　　　　　　　　　　　〈前々回（ボ）〉　　　　↑3回前　↑3回前（ボ）↑前々回（本）
　　　　　　　　　　　　　↓

　　　　　　　　　　　　〈前回、3回前〉
　　　　　　　　　　　　↓
第63回　（H.26 6/20）　04　08　19　24　28　30　32　（12）　（37）
　　　　　　　　　　　↑3回前　　　　↑3回前　　　　↑前回

　　　　　　　　　　　　　　〈前回、前々回〉　　〈前回、3回前〉
　　　　　　　　　　　　　　↓　　　　　　　↓
第58回　（H.26 5/16）　01　06　07　08　23　32　33　（11）　（34）
　　　　　　　　　　　↑前回　↑3回前　　↑前々回　　　　　↑前々回（ボ）

　　　　　　　　　　　　　〈前回、3回前〉　　　　　〈前々回（ボ）、3回前（本）〉
　　　　　　　　　　　　　↓　　　　　　　　　　↓
第54回　（H.26 4/18）　01　03　05　10　18　22　23　（07）　（35）
　　　　　　　　　　　　　↑前々回　　　　　　↑前々回　↑前回

　　　　　　　　　　　　〈前回（ボ）、3回前〉　〈前回、前々回〉
　　　　　　　　　　　　↓　　　　　　　　　↓
第50回　（H.26 3/21）　03　04　07　08　15　24　29　（11）　（16）
　　　　　　　　　　　↑前々回　〈前々回、3回前（ボ）〉↑3回前　↑3回前
　　　　　　　　　　　　　　　　　　　　　　　　　　　　　〈前々回、3回前〉
　　　　　　　　　　　　　　　　　　　　　　　　　　　　　↓
第46回　（H.26 2/21）　02　05　06　15　23　27　30　（04）　（35）
　　　　　　　　　　　↑前回　　　　↑前回　　　　↑3回前（ボ）〈前回（本）〉

169

第41回 （H.26 1/17）　　　　　　前回（ポ）↓　〈前回〉↓
02　03　08　15　34　35　36　(25)　(28)
　　　↑3回前　↑3回前　↑3回前（ポ）　　　　↑前々回　　↑3回前（本）

第38回 （H.25 12/20）　　　〈前回、前々回、3回前（ポ）〉↓
04　14　19　22　24　29　34　(08)　(31)
　↑前回　　↑前回（ポ）　　　　↑前回　　　　↑前々回（ポ）

第33回 （H.25 11/15）　　　　　〈前回、前々回〉↓
01　04　17　24　29　33　36　(19)　(30)
　↑前々回　　〈前回、前々回（ポ）〉↓

第29回 （H.25 10/18）　　　〈前回、3回前〉↓　前回（ポ）↓
02　03　16　17　24　26　28　(15)　(31)
　　↑前々回　　　↑前回　　　　↑前々回

第25回 （H.25 9/20）　　〈前回（ポ）、3回前〉↓　〈前回、前々回〉↓
01　06　11　16　17　18　21　(10)　(24)
　　↑前々回　　↑前々回　　　　　　　↑3回前（ポ）

第20回 （H.25 8/16）　　　　〈前回、3回前〉↓
02　05　13　20　21　23　28　(11)　(22)
　　　↑前回　　　↑前回　↑前回　↑前々回

第16回 （H.25 7/19）　〈前々回、3回前（ポ）〉↓　　3回前（本）↑
05　06　09　13　16　21　23　(08)　(34)
　　↑前々回（ポ）　　　　　　↑3回前

第12回 （H.25 6/21）
11　12　14　19　26　27　33　(24)　(32)
　↑前々回　↑前々回　　　　↑前回　↑前回

第7回 （H.25 5/17）　　　前回（ポ）↓
01　03　05　07　27　29　33　(06)　(15)
　　　　↑前回　　　　　　　　↑前回（ポ）

第3回 （H.25 4/19）
02　07　08　11　14　23　31　(05)　(15)

〈第3週の金曜日出現ランキング（第230回終了時迄）
第235回出現数字に○印をします。
1位　19回　15　24　㉞
2位　17回　06　23
3位　16回　04　08　⚠　28

4位　15回　03　17　29
5位　14回　01　05　21　26　27　30　33
6位　13回　07　13　36
7位　12回　14　20　35
8位　11回　12　18　31
9位　10回　10　16　22　32
10位　9回　19　37
11位　8回　25
12位　7回　02　09

次回の第3週の金曜日は第239回（平成29年11月17日実施）七赤・先勝となります。

第235回の出現数字に○印をしました。

データボックス9

第239回　ロトシックス――04　09　18　30　31　40（24）
第239回　ミニロト――――16　18　21　23　27（31）

過去のロトシックス（11/17）

第265回（H.17 11/17）　02　03　16　22　23　28（40）
第608回（H.23 11/17）　04　06　16　17　18　26（40）
第917回（H.26 11/17）　02　06　25　26　41　42（18）
第1124回（H.28 11/17）　01　16　24　28　40　42（33）

過去のミニロト（11/17）

第536回（H.21 11/17）　14　18　20　22　24（19）
第846回（H.27 11/17）　01　17　27　30　31（08）

前回の17日―
第204回（H.29 3/17）　05　19　20　21　30　34　36（07）（12）
100回前―
第139回（H.27 12/11）　09　16　18　21　23　34　35（04）（36）
60回前―
第179回（H.28 9/23）　04　09　12　13　22　26　36（05）（33）
前回の七赤・先勝（七赤）
第230回（H.29 9/15）　03　05　08　15　22　25　27（18）（31）

前回の先勝―
第234回（H.29 10/13）　07　14　15　16　23　25　30（05）（34）
前回の11月の第3週の金曜日
第187回（H.28 11/18）　04　06　10　23　24　32　36（15）（31）

〈データボックス9出現ランキング〉
第235回の出現数字に○印をしました。

1位	7回	18
2位	6回	16
3位	5回	04　23　31
4位	4回	05　22　24　30　36
5位	3回	06　09　15　21　25　26　27　34
6位	2回	01　02　03　07　08　12　14　17　19　20　28　33
7位	1回	10　13　32　35
8位	0回	11　29　37

第235回の次々回の3週
第243回　ロトシックス―05　34　35　38　42　43（08）
第243回　ミニロト―――04　11　15　27　28（01）

更に、第235回の抽選数字は02　09　13　18　21　33　34（03）（11）でしたが、ここで抽選回数が下1桁5の第3週金曜日の抽選回の抽選数字を提示します。（第235回の抽選数字に印をします。）
第165回（H.28 6/17）　09　11　14　15　16　18　27（06）（20）
第105回（H.27 4/17）　03　15　19　20　26　28　33（17）（21）
第85回　（H.26 11/21）　06　07　10　11　22　26　35（14）（23）
第25回　（H.25 9/20）　01　06　11　16　17　18　21（10）（24）
下1桁5回の第3週金曜日には、11が非常に強い。18、21も強く、更に下1桁5回で20日抽選であった第25回から第235回に11、18、21が出現したなど気付く点が多くあります。

10）一年後の同月同週をデータボックス10と共に解析

〈10月の第3週金曜日〉

第235回に出現した数字に○印をしました。

10月第3週金曜日の最強数字34が出現！

第183回（H.28 10/21）　06　15　26　[33]　[34]　37（19）（29）

（15↑3回前（ボ）、26↑3回前、34↑〈前回、前々回〉）

第131回（H.27 10/16）　03△　04　12　17　32　[34]　36（23）（31）

（03↑前々回、17↑前々回、34↑前回、31↑前々回（ボ））

第80回　（H.26 10/17）　[02]　05　10　[18]　[21]　24　27（25）（[34]）

（02↑前回、24↑前回）

第29回　（H.25 10/18）　[02]　03△　16　17　24　26　28（15）（31）

データボックス10

第235回の次回の10月の第3週―第287回（平成30年10月19日）

次回の20日のロトシックス過去の同一日↓

第287回 ロトシックス　（H.18 4/20）　01　05　[18]　[34]　35　39×（07）

第287回 ミニロト　（H.17 1/18）　[02]　07　14　19　[21]（01）

過去のロトシックス（10/19）

第3回　（H.12 10/19）　01　05　15　31　36　38×（[13]）

第313回（H.18 10/19）　01　19　[21]　31　32　40×（[33]）

第1012回（H.27 10/19）　[09]　11　19　22　27　38×（[02]）

第1219回（H.29 10/19）　14　22　24　36　39×　42×（32）

過去のミニロト（10/19）

第16回　（H.11 10/19）　[02]　20　24　26　27（23）

第274回（H.16 10/19）　07　08　[09]　16　25（12）

第584回（H.22 10/19）　06　[09]　11　14　22（29）

第287回の100回前のロトセブン

・第187回ロトセブン　04　06　10　23　24　32　36（15）（31）

第287回の60回前のロトセブン

・第227回ロトセブン　[02]　△03　07　[09]　22　23　26（29）（30）

〈10月の第3週金曜日出現ランキング〉（第183回終了時点）

第235回の出現数字に○印をしました。

1位　3回　[34]
2位　2回　[02]　△03　15　17　24　26　31
3位　1回　04　05　06　10　12　16　[18]　19　20　[21]　23　25　27　28　29　32　[33]　36　37
4位　0回　01　07　08　[09]　△11　[13]　14　22　30　35

因みに34ははずれ回数3（第226回～第234回までの9回分未出現に位置していました。

第235回に出現した数字に○印をしました。

〈データボックス10出現ランキング〉

1位　4回　01　[02]　07　[09]　22
2位　3回　14　19　23　24　31　32　36
3位　2回　05　06　△11　15　[21]　26　27　29
4位　1回　△03　04　08　10　12　[13]　16　[18]　20　25　30　[33]　[34]　35
5位　0回　17　28　37

第235回の次々回の10月の3週

第339回　ロトシックス　△03　05　[09]　26　[34]　36（12）
第339回　ミニロト　04　[09]　△11　15　23（26）

〈ランキング（第235回の各次々回項目）〉★[第235回抽選数字に○印]

1位　11回　12
2位　8回　[09]　△11　27
3位　7回　05
4位　6回　07　17　23　[34]
5位　5回　01　06　08　15　[18]
6位　3回　△03　04　24　25　26　28　29　31　35
7位　2回　19　20　36　37
8位　1回　[02]　[13]　14　16　[21]　22　30　[33]
9位　0回　10　32

[データボックスプラス]

次回のデータボックス　第235回の出現数字に○印をしました。

第235回の次回は第236回（平成29年10月27日、一白・仏滅）となります。

第236回 ロトシックス―01　08　[09]　14　[34]　×38（04）

第236回 ミニロト―――14　17　23　24　29（△03）

[過去のロトシックス（10/27）]

第262回（H.17 10/27）　05　07　11　19　[21]　25（27）

第602回（H.23 10/27）　08　[13]　15　[18]　24　×41（27）

第911回（H.26 10/27）　08　16　[18]　22　27　35（△03）

第1118回（H.28 10/27）　01　△11　[21]　25　[34]　36（28）

[過去のミニロト（10/27）]

第533回（H.21 10/27）　06　[13]　19　23　31（20）

第843回（H.27 10/27）　[02]　14　23　28　30（26）

第236回の前回の27日―第197回（H.29 1/27）

―第197回　06　08　10　12　16　[21]　28（14）（23）

第236回の100回前

―第136回　10　17　24　27　30　[33]　37（[18]）（31）

第236回の10回前

―第226回　12　17　[21]　24　26　30　32（10）（22）

第236回の60回前

―第176回　01　△11　12　17　22　30　35（15）（16）

第236回の12回前

―第224回　[02]　04　07　10　12　29　[34]（01）（[21]）

第236回の前回の一白・仏滅（一白）

―第227回（H29　8/25）[02]　△03　07　[09]　22　23　26（29）（30）

第236回の前回の仏滅（前回の第4週金曜日）

―第231回（H.29 9/22）　04　15　[18]　24　25　[34]　36（10）（28）

第236回の前回の10月4週金曜日

―第184回（H.28 10/28）07　14　[18]　22　23　26　[34]（[02]）（32）

〈データボックスプラス出現ランキング〉

1位	6回	23								
2位	5回	10	14	○18	○21	22	24	30	○34	
3位	4回	01	○02	07	08	12	17	26	27	28
4位	3回	△03	04	△11	15	16	25	29		
5位	2回	06	○09	○13	19	31	32	35	36	
6位	1回	05	○20	33	37					

11）補足　データプラス

はずれ回数（第242回終了時、第243回対策時）

[0] 01 05 [13] 17 31 32 35
[1] △11 12 19 21 26 28
[2] [09] △14 24 29
3 08 23 37
4 03 33 34
5 04 07 [20]
6 [22] 36←近5回0回出現（7回はずれ）
7 02 [18]←近5回0回出現（9回はずれ）
8 15 16 25 [30]
9 27
10 —
11 —
12 —
13 —
14 [06]
[15] —
16 —
17 —
18 10

はずれ回数（第243回終了時、第244回対策時）

ホット

[0] 06 [09] 13 18 20 [22] 30
[1] 01 05 [17] 31 [32] 35
[2] △11 △12 19 21 26 28
3 14 24 29
4 08 23 37
[5] 03 33 [34]
[6] 04 07
[7] [36]
[8] [02]

└ 9　15　16　25

コールド

10　27
11　—
12　—
13　—
14　—
15　—
16　—
17　—
18　—
19　10

はずれ回数（第244回終了時、第245回対策時）

0　02　09　17　22　32　34　36

1　06　13　18　20　30

2　01　05　31　35

3　11　12　19　21　26　28

4　14　24　29

5　08　23　37

6　03　33

7　04　07

8　——

9　——

10　15　16　25

11　27

・

・

・

20　10

はずれ回数　抽選数字　〈第245回終了時（第246回対策時）〉

0　02　08　09　11　24　26　27　　　平成30年1月5日時点

1　17　22　32　34　36

2　06　13　18　20　30

[3] 01 05 [31] 35
[4] 12 [19] [21] 28
[5] 14 29
6 [23] 37
7 [03] 33
8 04 07
9 ——
10 ——
[11] 15 16 [25]
12 ——
13
14
15
16
17
18
19
20
21 10

最後に

　私の著書『ロトセブン研究委員会基礎重視派』を最後まで読んで下さった皆様に深く感謝を申し上げます。

　ロトセブンの高額当選を目指す皆様のお役に少しでも立てれば著者として望外の喜びでございます。

著者プロフィール

上甲 剛（じょうこう ごう）

昭和 55 年 6 月 12 日生まれ
愛媛県出身、神奈川県横浜市在住
会社員

ロトセブン研究委員会　基礎重視派

2018年 7 月15日　　初版第 1 刷発行

著　者　　上甲　剛
発行者　　瓜谷　綱延
発行所　　株式会社文芸社
　　　　　〒160-0022　東京都新宿区新宿 1－10－1
　　　　　　　　　電話　03-5369-3060 （代表）
　　　　　　　　　　　　03-5369-2299 （販売）

印刷所　　株式会社平河工業社

©Go Joko 2018 Printed in Japan
乱丁本・落丁本はお手数ですが小社販売部宛にお送りください。
送料小社負担にてお取り替えいたします。
本書の一部、あるいは全部を無断で複写・複製・転載・放映、データ配信する
ことは、法律で認められた場合を除き、著作権の侵害となります。
ISBN978-4-286-19570-4